テーマで学ぶ
予防のイロハ
― 消防の基礎知識 ―

予防実務研究会　編著

東京法令出版

はじめに

　建物の利用形態の様々な変化や、社会的に影響のある火災を踏まえた消防法令の改正などが頻繁にあり、消防における予防業務は高度化・専門化しているため、消防職員にとって難しい分野であるといわれています。

　一方、消防の職場では経験を積んだ先輩職員が職場を去り、世代交代が急速に進んだ結果、若年職員の予防業務に関する実務能力の向上を図ることが、喫緊の課題となっています。

　こうした背景を踏まえ、本書は、消防職員の読者、とりわけ「初めて予防業務に就く方」、「予防業務の経験が浅い方」、「予防業務に苦手意識をもっている方」などを想定して、予防業務の基礎知識を中心にできるだけ平易に説明したものです。予防業務の主要な内容をテーマごとに記述していますので、通読せずに関心のあるテーマのみを理解できるよう構成しています。

　また、消防職員以外の読者にも、建築物や危険物施設における火災予防の各種規制の概要などを理解できるよう配慮しています。

　本書が消防の予防業務を理解する上で、多くの読者のお役に立てれば幸いです。

平成30年6月

予防実務研究会

目　次

テーマ1　法と条例の関係
1 消防法令の体系 …………………………………………………………… 1
2 消防法の構成 ……………………………………………………………… 2
3 消防法の改正につながった火災事例 …………………………………… 3
4 消防法と火災予防条例の関係 …………………………………………… 3
5 消防法から火災予防条例までの読み方 ………………………………… 5

テーマ2　防火対象物と消防対象物
1 よく似た二つの用語 ……………………………………………………… 8
2 定義に見る違い …………………………………………………………… 8
3 条文上の使い分けに見る違い …………………………………………… 9

テーマ3　防火対象物の用途
1 用途判定 …………………………………………………………………… 13
2 防火対象物の中に一つの用途しかない場合 …………………………… 13
3 防火対象物の中に二つ以上の用途がある場合 ………………………… 15

テーマ4　防火対象物の収容人員
1 収容人員 …………………………………………………………………… 18
2 収容人員の算定方法 ……………………………………………………… 18
3 収容人員算定上の留意事項 ……………………………………………… 19
4 収容人員の管理 …………………………………………………………… 21

テーマ5　消防同意
1 同意とは …………………………………………………………………… 22
2 建築確認に対する消防同意 ……………………………………………… 23
3 消防同意の趣旨 …………………………………………………………… 26

テーマ6　消防用設備等の設置単位
1 設置単位の原則 …………………………………………………………… 27
2 令9 ………………………………………………………………………… 28
3 令8区画 …………………………………………………………………… 29
4 建築物と建築物が渡り廊下等で接続されている場合 ………………… 31

テーマ7　無窓階
1 無窓階とは ………………………………………………………………… 33
2 有効な開口部とは ………………………………………………………… 34

テーマ8　防炎物品と防炎製品

- 3　水圧開放装置 …… 36
- 4　強化される消防用設備等 …… 37

1　防炎制度 …… 38
2　防炎とは …… 38
3　防炎物品 …… 39
4　防炎製品 …… 41

テーマ9　屋内消火栓設備

1　設備の概要 …… 43
2　種類 …… 44
3　諸元・性能等 …… 44
4　設置場所 …… 46

テーマ10　スプリンクラー設備

1　設備の概要 …… 48
2　設置基準 …… 49
3　仕組み …… 50
4　共同住宅用スプリンクラー設備 …… 50
5　特定施設水道連結型スプリンクラー設備 …… 51
6　まとめ …… 52

テーマ11　自動火災報知設備

1　設備の概要 …… 53
2　感知器 …… 54
3　発信機 …… 56
4　受信機 …… 56
5　音響装置 …… 58
6　非火災報 …… 58

テーマ12　消防機関へ通報する火災報知設備

1　設備の概要 …… 59
2　特定火災通報装置 …… 61
3　自動火災報知設備と連動した通報 …… 62

テーマ13　消火活動上必要な施設

1　排煙設備 …… 63
2　連結散水設備 …… 65
3　連結送水管 …… 66
4　非常コンセント設備 …… 67

5　無線通信補助設備……………………………………………………………… 68
　　　6　まとめ………………………………………………………………………… 69

テーマ14　階段

　　　1　役割……………………………………………………………………………… 70
　　　2　必要数………………………………………………………………………… 70
　　　3　種類と構造…………………………………………………………………… 72
　　　4　階段と消防用設備等………………………………………………………… 76

テーマ15　防火区画

　　　1　防火区画の必要性…………………………………………………………… 78
　　　2　防火区画の種類等…………………………………………………………… 78
　　　3　防火区画の構造……………………………………………………………… 80

テーマ16　非常用進入口

　　　1　非常用進入口とは…………………………………………………………… 84
　　　2　設置位置・構造等…………………………………………………………… 84
　　　3　非常用進入口を設けなくてもよい場合…………………………………… 86

テーマ17　管理権原者

　　　1　管理権原者…………………………………………………………………… 89
　　　2　管理権原者の責務…………………………………………………………… 89
　　　3　管理権原者の判定…………………………………………………………… 90

テーマ18　防火管理と防災管理

　　　1　防火管理……………………………………………………………………… 94
　　　2　防災管理……………………………………………………………………… 96

テーマ19　防火対象物の区分と防火管理者の資格

　　　1　甲種防火対象物と乙種防火対象物………………………………………… 99
　　　2　甲種防火管理者と乙種防火管理者………………………………………… 99
　　　3　防火管理者の選任事例……………………………………………………… 101

テーマ20　消防計画

　　　1　2種類の消防計画…………………………………………………………… 104
　　　2　消防計画作成指導のポイント……………………………………………… 104
　　　3　防火管理業務と消防計画…………………………………………………… 105

テーマ21　統括防火管理制度

　　　1　消防法の改正………………………………………………………………… 109
　　　2　統括防火管理制度…………………………………………………………… 109

テーマ22　自衛消防訓練

 1 自衛消防活動と自衛消防訓練…………………………………………………115
 2 訓練に係る消防法令上の根拠……………………………………………………115
 3 訓練指導のポイント………………………………………………………………116

テーマ23　防火査察

 1 防火査察…………………………………………………………………………119
 2 立入検査…………………………………………………………………………120
 3 違反の是正指導…………………………………………………………………120

テーマ24　消防用設備等の点検報告

 1 制度の成り立ち…………………………………………………………………122
 2 制度の概要………………………………………………………………………122
 3 点検結果報告書の受付…………………………………………………………124

テーマ25　危険物

 1 危険な物質………………………………………………………………………126
 2 危険な物質を規制する法律……………………………………………………126
 3 消防法に規定する「危険物」とは………………………………………………127
 4 消防法による危険物の規制……………………………………………………127
 5 消防法で規定される危険物が含まれる製品…………………………………129

テーマ26　危険物施設

 1 危険物施設とは…………………………………………………………………131
 2 危険物施設の種類………………………………………………………………131
 3 危険物施設の細区分……………………………………………………………132
 4 まとめ……………………………………………………………………………134

テーマ27　危険物施設における危険物取扱者などの人的規制

 1 危険物施設における人的規制…………………………………………………135
 2 危険物取扱者……………………………………………………………………136
 3 危険物保安監督者等……………………………………………………………137
 4 事故発生時の措置………………………………………………………………139

テーマ28　危険物施設の許可

 1 ガソリンスタンドをオープンするまでの流れ………………………………140
 2 許可申請…………………………………………………………………………142
 3 各種検査…………………………………………………………………………142
 4 危険物保安監督者と予防規程…………………………………………………144

テーマ29　危険物の運搬

1　危険物の運搬とは…………………………………………………………………146
2　運搬容器……………………………………………………………………………146
3　積載方法……………………………………………………………………………147
4　運搬方法……………………………………………………………………………149

テーマ30　不遡及と遡及

1　不遡及の原則………………………………………………………………………150
2　消防法における遡及と不遡及の例………………………………………………150
3　消防法における遡及の理由………………………………………………………151
4　遡及と基準時の関係………………………………………………………………152

テーマ31　予防業務と行政手続法の関係

1　行政手続法の基本的な事項………………………………………………………154
2　申請に対する処分…………………………………………………………………155
3　不利益処分…………………………………………………………………………156
4　行政指導……………………………………………………………………………156
5　届出…………………………………………………………………………………157

テーマ32　数字で見る予防行政の効果

1　予防行政の効果は実感しにくい…………………………………………………158
2　焼損床面積の推移で見る効果……………………………………………………158
3　死者数の推移で見る効果…………………………………………………………160
4　違反対象物の公表制度で見る効果………………………………………………161
5　まとめ………………………………………………………………………………162

用　語　例

特定防火対象物…………消防法施行令別表第1(1)項から(4)項まで、(5)項イ、(6)項、(9)項イ、⒃項イ、(16の2)項、(16の3)項の防火対象物をいう。

非特定防火対象物………消防法施行令別表第1に掲げる特定防火対象物以外の防火対象物をいう。

特定用途…………………消防法施行令別表第1(1)項から(4)項まで、(5)項イ、(6)項、(9)項イ、⒃項イ、(16の2)項の用途をいう。

非特定用途………………消防法施行令別表第1に定める特定用途以外の用途をいう(ただし、(16の3)項を除く。)。

テーマ1　法と条例の関係

　予防実務の第一歩は、消防法の各条文にどんなことが定められているかを読みこなせるようになることです。消防法の大半の条文は、予防に係る内容のものであり、さらに技術的な基準は順次、下位の法令である政令、省令、告示に定められています。そして市町村に委ねられている事項などは、火災予防条例に定められています。また、火災予防条例には、市町村ごとの地理的特殊性や独自の施策などが定められますが、全国的な統一性を図るため、消防法が市町村条例に委ねている事項については、国が作成例に当たる火災予防条例（例）を示しています。

キーワード
- 消防法
- 市町村条例
- 火災予防条例
- 火災予防条例（例）

1　消防法令の体系

法、政令、省令などはどういう関係か

　消防に関する法体系は、「消防の組織に関する体系」と「消防の作用に関する体系」に分かれています。前者は消防組織法で、消防行政を担当する機関、任務などの規定から構成されます。後者は消防法で、国民に対する消防上の諸規制、消防機関の権限などの規定から構成されます。

　消防の作用に関する体系を細かく見ると、図1のようになります。消防行政の基本となる法律は消防法で、法律は国会の議決を経て制定されます。国民の権利、義務に関わる事項は、法律によって定めることが原則です。火災予防行政に関連する法律は、消防法のほかに建築基準法、火薬類取締法、高圧ガス保安法などがあります。

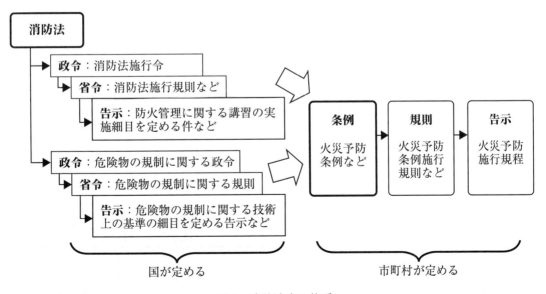

図1　消防法令の体系

国が定める法令は、上位から順に政令、省令、告示があります。政令は、内閣が制定するもので、消防法施行令のようにタイトルに「令」という文字が入ったり、「○○政令」と書かれています。火災予防に関しては、消防法施行令と危険物の規制に関する政令があります。

　省令は、各大臣が制定するもので、「○○規則」というタイトルのものが多いため、「規則」という呼び方も一般的です。さらに細部の規定として告示があります。告示は、「○○を定める件」「○○について定める件」というタイトルのものが多くありますが、例えば、「消防力の整備指針」のように「件」の文字が付かないものもあります。

　国が定める法令のほかには、地方公共団体が定める法令があります。地方公共団体には、代表的なものとして都道府県と市町村があります。消防は市町村が行う行政であり、市町村が定めるものには、条例、規則、告示があります。

　条例は、憲法第94条に基づいて、地方公共団体が議会の議決を経て法令に違反しない範囲で、地方公共団体の事務について制定します。予防行政に係る条例は、市町村の定める火災予防条例です。消防法の中では、「市町村条例」と記しており（例えば第9条）、それが火災予防条例に当たります。

　規則は、条例の下位に当たり、長（知事、市町村長）その他の執行機関が、その権限に属する事項について定めるものです。

　消防関係法令を読むとき、それが**図1**の消防法令の体系の中で、どの位置付けに該当するか理解する必要があります。法律は、その名称からすぐに分かりますが、政令、省令、告示の区別は、タイトルの後ろの括弧書きの中に法令番号とともに書かれているので、これを確認することで分かります。

2 消防法の構成

消防法の大半の部分は、火災予防に係る条文

　消防の仕事の大半は、消防法に基づいて行われます。消防の目的は、消防法の第1条に定められており、大きく二つの目的に分けられます。一つ目は、火災を予防、警戒、鎮圧し、国民の生命、身体、財産を火災から保護することであり、二つ目は、火災又は地震などの災害による被害を軽減することです。

　消防法の構成を**表1**に示します。消防法の目的、用語の定義などは第1章に書かれています。消防の活動を一般的な活動と特殊な活動に分けると、前者には火災の予防、火災の警戒、消火活動が、後者には火災の調査、救急業務がそれぞれ該当します。

　火災の予防は、第2章から第4章の2までが割かれています。改めて言うまでもありませんが、消防法の大半の部分は、火災の予防に関することが定められているのです。

表1　消防法の構成

消防の目的など		総則（第1章）
消防の活動	一般的な活動	火災の予防（第2章〜第4章の2）
		第2章：火災の予防
		第3章：危険物
		第4章：消防の設備等
		第4章の2：消防の用に供する機械器具等の検定等
		火災の警戒（第5章）
		消火の活動（第6章）
	特殊な活動	火災の調査（第7章）
		救急業務（第7章の2）
その他		危険物保安技術協会（第3章の2）
		日本消防検定協会等（第4章の3）
		雑則など（第8章、第9章、附則）

3 消防法の改正につながった火災事例

消防法は、大火災のたびに改正された

どんなことを契機として消防法は改正されたのでしょうか。消防法は、昭和23年7月24日に制定されてから令和になるまでに60回以上改正されています。これは、建築物の構造や用途の変化、火災の教訓などに対応して規制を強化してきたためです。火災を教訓にした例を表2に示します。ここでは例えば、死者45名を出した昭和55（1980）年11月20日の川治プリンスホテル火災などは除いています。この火災は、ホテルなどの防火安全性を示す「適マーク」制度の創設につながりましたが、法令改正を伴わなかったためです。

大火災は、消防・救急・救助活動などでも多くの教訓を残していますが、類似火災の再発防止などのため、火災事例を基に国（総務省消防庁）では、有識者を交えた会議や消防審議会などの場で検討がなされることがよくあります。これらの結果を踏まえて、法令を強化し、さまざまな規制を国民に課して予防行政を推進しています。

表2 建築物の大火災と消防法令の改正経過

年月日	火災（死者数）	法令改正時期	改正概要
昭和47(1972).5.13	大阪市・千日デパートビル火災(118名)	昭和47.12令改正	防火管理者制度の拡充、スプリンクラー設備の設置対象の拡大、複合用途防火対象物に対する規制強化、特定防火対象物への自火報設置の遡及など
昭和48(1973).11.29	熊本市・大洋デパート火災(103名)	昭和49.6法改正	防火管理に関する消防機関への措置命令権の付与、特定防火対象物への消防用設備等の設置遡及適用、消防用設備等に対する点検報告制度の導入など
昭和55(1980).8.16	静岡市・静岡駅前地下街爆発事故(15名)	昭和56.1令改正	準地下街にも地下街と同様の規制、ガス漏れ火災警報設備の設置義務化など
平成13(2001).9.1	新宿区・歌舞伎町明星56ビル火災(44名)	平成14.4法改正	防火対象物の点検報告の制度化、避難上必要な施設等の管理義務化など
平成18(2006).1.8	大村市・認知症高齢者グループホーム火災(7名)	平成19.6令改正	収容人員10人以上に防火管理者の選任義務化、自火報・火災通報装置・スプリンクラー設備の設置対象の拡大など
平成24(2012).5.13	福山市・ホテルプリンス火災(7名)	平成25.12令改正規則改正	スプリンクラー設備及び自火報の設置に関する基準と消防機関の検査を受けなければならない防火対象物等の見直し
平成25(2013).2.8	長崎市・認知症高齢者グループホーム火災(5名)		
平成25(2013).10.11	福岡市・有床診療所火災(10名)	平成26.10令改正	病院、有床診療所等のスプリンクラー設備等の設置義務施設の範囲を拡大、消火器具、屋内消火栓設備、スプリンクラー設備等の設置及び維持に関する技術上の基準の整備

※法：消防法、令：消防法施行令、規則：消防法施行規則

4 消防法と火災予防条例の関係

法と条例は、どのように結び付いているか

消防法と火災予防条例が、どのような関係になっているか考えてみましょう。火災予防条例に定められた内容には、消防法の規定に基づく事項と、その他の事項があります。

図2は、消防法の規定に基づく事項、つまり消防法の条文に根拠を置いて市町村条例を定めているものと、消防法の条文に直接の根拠を置かない、その他火災予防上必要な事項に分けて整理しています。

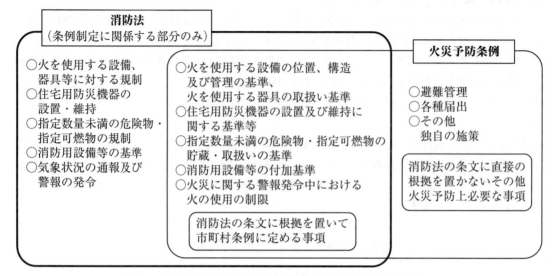

図2　消防法と各市町村火災予防条例の関係（イメージ図）

　消防法の規定に基づくものとしては、第9条に基づくものがあります。第9条の条文では、「かまど……市町村条例でこれを定める。」となっており、市町村に火災予防条例で定めることが委ねられています。同様に第9条の4の条文では、「危険物について……市町村条例でこれを定める」となっています。

　これらに対し、法第17条第2項の規定に基づく消防用設備等の技術上の基準の付加は、「市町村は、……設けることができる」とされており、市町村は必ずしも定めなくてもよいのです。第17条第2項の条文にあるように、市町村は、その地方の気候などにより、消防用設備等の技術上の基準に関する政令又はこれに基づく命令の規定のみによっては、防火の目的を十分に達し難いと認めるとき、条例によって消防用設備等の技術上の基準に関して、当該政令又はこれに基づく命令の規定と異なる規定を設けることができます。こうした付加的な規定として条例を設けるため、付加条例とも呼ばれます。

　消防法の条文と直接リンクした規定のほかに、火災予防条例には、その他火災予防上必要な事項を定めています。その一つは避難管理です。具体的には、劇場などの避難通路、定員などについて定めています。

　火災予防条例は、市町村が定めることができるため、全国の火災予防条例は、全く同一ではありません。全国的にある程度統一性をもたせるため、消防法で市町村条例に委ねられている事項については、国が火災予防条例の作成例として火災予防条例（例）を示しており、これを参考に市町村は、条例の条文を整備しています。

　なお、消防法で市町村条例に委ねられていない事項であっても火災予防上必要な事項であれば、市町村は火災予防条例によって独自の施策を定めることも可能です。

　条例が適用される地域的範囲は、当該市町村の区域ですが、地方自治法第252条の14により、消防事務を受託した地方公共団体にも及びます。組合消防の場合は、組合が一つの地方公共団体として、○○組合火災予防条例を定めています。

　また、人的範囲は、属地主義という言い方をして、その区域内に居住する住民はもちろんほかからの旅行者などにも適用されます。例えば、劇場などへの危険物品の持込みは、旅行者であっても禁止されます。

5 消防法から火災予防条例までの読み方

火気規制を例にした条文の読み方

消防法の条文から火災予防条例の条文まで、読み解いていくのは、樹木に例えれば幹（法律）から大きな枝（政令）へ、さらに小さな枝（省令）、葉（告示、市町村条例など）へ進むようなものです。法令の条文は、一文が長く決して読みやすいものではありませんが、根気よく付箋などを貼りながら法令集をひっくり返していくほかないのです。

ここでは、火を使用する設備、器具等に対する規制を定めている消防法第9条から順次、政令、省令、市町村条例の読み方を紹介します（**図3**）。

第9条の条文に、①～③の番号を付して分解してみます。①は「かまど、風呂場」のほか「火を使用する……設備」、つまり設備について定めています。設備については、位置、構造、管理を規制し、第9条の条文の終わりの方に出てくる「政令で定める基準」とは、消防法施行令第5条を指しています。同様に②は「こんろ、こたつ」のほか「火を使用する……器具」、つまり器具について定めています。器具

消防法第9条

> かまど、風呂場その他①火を使用する設備又はその使用に際し、火災発生のおそれのある設備の位置、構造及び管理、こんろ、こたつその他②火を使用する器具又はその使用に際し、火災の発生のおそれのある器具の取扱い③その他火の使用に関し火災の予防のために必要な事項は、**政令で定める基準**に従い**市町村条例**でこれを定める。

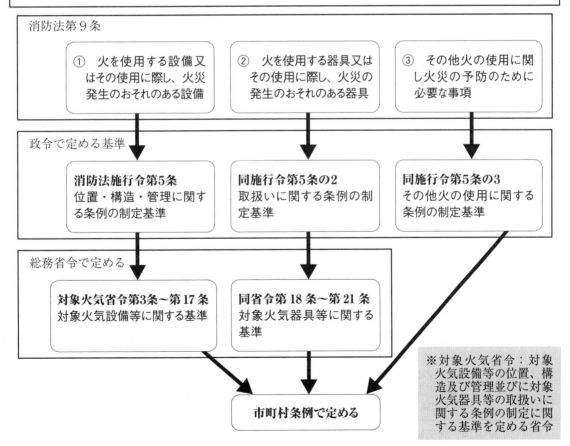

図3　火気規制の概要（消防法第9条）

については、取扱いを規制し、この場合の「政令で定める基準」とは、消防法施行令第5条の2を指しています。③は、「火の使用に関し火災の予防のために必要な事項」です。「政令で定める基準」とは、消防法施行令第5条の3を指しています。

さらに具体的な技術基準について、①と②は、省令で定めています。この省令とは、「対象火気設備等の位置、構造及び管理並びに対象火気器具等の取扱いに関する条例の制定に関する基準を定める省令」と誠に長いタイトルであり、通称「対象火気省令」と呼ばれています。一方、③は該当する省令がないので直接、条例で定めています。

消防法施行令と対象火気省令の関係（図4）をみると、例えば、消防法施行令第5条第1項第1号では、①総務省令で定めるもの、②総務省令で定める場合、③総務省令で定める火災予防上安全な距離というように、「総務省令で定める」が3回出てきます。

対象火気省令では、①～③に対応する条文を第3条～第5条に定めています。これを受け火災予防条例（例）の第3条では、炉の位置、構造の基準について、火災予防上安全な距離、有効な換気の行える位置、転倒・破損しない位置などを定めています。第3条の2以下で定める他の設備の基準は、その設備に特有な基準以外は、炉の条文の一部をそのまま活用しており、これを準用といいます。

つまり、火気規制のような技術的な基準などについては、消防法の条文では、条例に定めるべき規制の項目出しをするだけで、消防法施行令では条例制定基準を、対象火気省令では具体的な設備の名称、数値などを、それぞれ定めています。その内容を設備等ごとに条文を立てて、分かりやすく示したものが火災予防条例（例）です。

消防法施行令第5条の抜粋

> 火を使用する設備又はその使用に際し、火災の発生のおそれのある設備であって**①総務省令で定めるもの**（以下この条及び第5条の4において「対象火気設備等」という。）の位置、構造及び管理に関し火災の予防のために必要な事項に係る法第9条の規定に基づく条例の制定に関する基準は、次のとおりとする。
> (1) 対象火気設備等は、防火上支障がないものとして**②総務省令で定める場合**を除くほか、建築物その他の土地に定着する工作物及び可燃物までの間に、対象火気設備等の種類ごとに**③総務省令で定める火災予防上安全な距離**を保つ位置に設けること。

対象火気省令第3条～第5条の抜粋

> ① 第3条：令第5条第1項 各号列記以外の部分の**総務省令で定めるもの**は、……設備とする。
> 　　(1) 炉
> 　　(2) ふろがま　（以下略）
> ② 第4条：令第5条第1項第1号 の防火上支障がないものとして**総務省令で定める場合**は……場合とする。
> ③ 第5条：令第5条第1項第1号 の**総務省令で定める火災予防上安全な距離**は……距離とする。

火災予防条例（例）第3条～第3条の2の抜粋

> 第3条：炉の位置及び構造は、次に掲げる基準によらなければならない。（以下略）
> 第3条の2：ふろがまの構造は、次に掲げる基準によらなければならない。（以下略）
> 　　2　前項に規定するもののほか、ふろがまの位置、構造及び管理の基準については、前条（第1項第11号及び第12号を除く。）の規定を準用する。

図4　火気規制の概要(消防法施行令、対象火気省令と火災予防条例(例))

このように消防法という法律から順次下位の法令を読み進めて、火災予防条例に至ることによって、消防法令の内容を理解できるのです。火災予防条例についても、実務的な内容などは、さらに下位の火災予防条例施行規則などで定めています。

テーマ2　防火対象物と消防対象物

　予防実務を始めるに当たり、法令に目を通すと、その法令の中で用いられる言葉（用語）が定義されています。条文に定められていることを読みこなしていくためには、こうした用語が指すものを正確に理解する必要があります。その代表が「防火対象物」と「消防対象物」です。前者は、火災予防行政の対象となるものであるのに対して、後者は、およそ火災が発生し、消防による現場活動の対象となる可能性があるものという広い範囲のものです。

キーワード
- 防火対象物
- 消防対象物
- 物件

1　よく似た二つの用語

　お手元に、消防法が載っている法令集はありますか？　ページをめくってみると、第1条には消防法制定の目的、第2条には用語の定義が規定されています。用語の一つ目には「防火対象物」、二つ目には「消防対象物」が定義されています。よく似たこの二つの用語の違いは何でしょうか。

2　定義に見る違い

　まず、それぞれの定義を見てみましょう。この二つ、定義も似たようなことが書いてありますね。

(1) 防火対象物

　日々の業務の中では、防火対象物の方が使われる機会が多いと思います。防火対象物といえば、オフィスビルや百貨店、病院などを思い浮かべる人もいるでしょう。

　防火対象物は、「山林又は舟車、船きよ若しくはふ頭に繋留された船舶、建築物その他の工作物若しくはこれらに属する物をいう。」と定義されています（図1）。

　あまり意識したことはないかもしれませんが、富士山の樹海も、テーマパークのパレードの山車などの車両も、署の裏庭に建てられた訓練塔も、防火対象物なのです。

　こうしてみると、先に思い浮かべたオフィスビルや百貨店、病院などは、防火対象物の中の一部でしかないことが分かります。

　「これらに属する物」は、「これら」つまり「舟車、船きよ若しくはふ頭に繋留された船舶、建築物その他の工作物」に属する物を指しています。解釈はいろいろあるようですが、例えば、客船に設置されている厨房設備、オフィスビルに設置されている自動販売機などの収容物がこれに当たります。

(2) 消防対象物

　消防対象物は、「山林又は舟車、船きよ若しくはふ頭に繋留された船舶、建築物その他の工作物又は物件をいう。」と定義されています（図2）。防火対象物の定義と比べてみると、前半は同じで、違うのは最後の部分のみです。

　「物件」は、防火対象物でいうところの「これらに属する物」のほか、「山林又は舟車、船きよ若しくはふ頭に繋留された船舶、建築物その他の工作物」に関係なく存在している物が含まれています。例えば、道端の自動販売機や立木、ごみなど、防火対象物以外のあらゆる物がこれに当たります。

防火対象物と消防対象物とを比べると、定義上、消防対象物の方が広い範囲を指しており、簡単にいえば「消防対象物＝防火対象物＋屋外の物件」であるといえます（図3）。

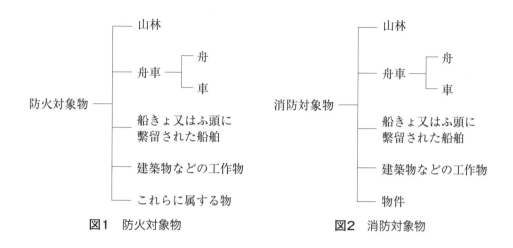

図1　防火対象物　　　　　　　　　図2　消防対象物

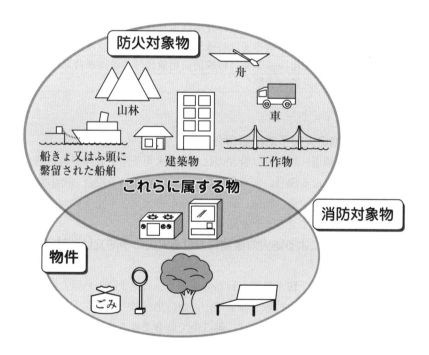

図3　防火対象物と消防対象物の関係

3　条文上の使い分けに見る違い

では、二つの用語が、消防法の中でどのように使い分けられているのか、条文を見てみましょう。

(1)　**防火対象物**

消防法の中で、防火対象物という用語が使われている条文は、**表1**のとおりです。

表1 「防火対象物」が用いられている条文

消防法の条	内容
第5条	防火対象物の火災予防措置命令
第5条の2	防火対象物の使用の禁止、停止又は制限の命令
第5条の3	消防吏員による防火対象物における火災の予防又は消防活動の障害除去のための措置命令
第6条	訴の提起及び損失補償
第8条	防火管理者
第8条の2	統括防火管理者
第8条の2の2	防火対象物の点検及び報告
第8条の2の3	防火対象物の点検及び報告の特例
第8条の2の4	避難上必要な施設等の管理
第8条の2の5	自衛消防組織
第8条の3	防炎対象物品の防炎性能
第9条の2	住宅用防災機器
第17条	消防用設備等の設置・維持と特殊消防用設備等の適用除外
第17条の2の5	適用除外
第17条の3	用途変更の場合の特例
第17条の3の2	消防用設備等又は特殊消防用設備等の検査
第17条の3の3	消防用設備等又は特殊消防用設備等の点検及び報告
第17条の4	消防用設備等又は特殊消防用設備等の設置維持命令
第36条	防災管理者等

主なものを見てみましょう。

ア 第5条〔防火対象物の火災予防措置命令〕

防火対象物の位置、構造、設備又は管理の状況が、火災予防上危険である場合、消火、避難その他の消防活動上支障になる場合、火災発生時に人命危険がある場合、その他火災予防上必要がある場合は、防火対象物の改修、移転、除去、工事の停止又は中止その他必要な措置をとるよう消防長又は消防署長が命令できることを定めています。

イ 第5条の3〔消防吏員による防火対象物における火災の予防又は消防活動の障害除去のための措置命令〕

防火対象物において火災予防上危険な行為の規制や、火災予防上危険な物件、消火、避難その他の消防活動に支障となる物件の除去命令等が、消防吏員にできることを定めています。

屋外において同様の危険がある場合は、第3条で命令できるので、第5条の3では防火対象物における場合を対象としています。

ウ 第8条〔防火管理者〕

多数の人が利用する防火対象物のうち政令で定めるものの管理権原者に対し、防火管理者の選任を義務付け、防火管理者に行わせなければならない業務を定めています。

あらゆる防火対象物が対象となる第5条とは異なり、第8条の防火対象物は、政令で定めるものに限られています。

エ 第9条の2〔住宅用防災機器〕

住宅への住宅用防災機器の設置を義務付けたものです。

条文上は「住宅の用途に供される防火対象物」と書かれています。当然のことながら、皆さんの家も防火対象物なのです。

オ 第17条〔消防用設備等の設置・維持と特殊消防用設備等の適用除外〕

防火対象物の利用者を守るため、早期に火災を発見し、報知し、消火し、避難させ、消防活動を円滑に行えるよう、防火対象物のうち政令で定めるものの関係者に対し、消防用設備等の設置及び維持を義務付けたものです。

第17条の防火対象物も、第5条の防火対象物と異なり、政令で定めるものに限られています。この政令で定めるものとは、消防法施行令第6条により同別表第1に掲げる防火対象物と定めています。つまり、「消防法施行令別表第1に掲げる防火対象物」は「防火対象物」の一部でしかないのです。

以上のように、防火対象物という用語は、主に火災予防に関する条文に用いられていることが分かります。

(2) 消防対象物

消防法の中で、消防対象物という用語が使われている条文は、**表2**のとおりです。

表2 「消防対象物」が用いられている条文

消防法の条	内容
第4条	資料提出命令、報告の徴収及び消防職員の立入検査
第4条の2	消防団員の立入検査
第25条	応急消火義務等
第29条	消火活動中の緊急措置等
第36条の3	災害補償

主なものを見てみましょう。

ア 第4条〔資料提出命令、報告の徴収及び消防職員の立入検査〕

消防長又は消防署長は、火災予防のため必要があるときは、関係者に対し資料提出をさせる命令ができること、報告の徴収ができること、消防職員に消防対象物の立入検査をさせることができることを定めています。

第4条と第4条の2〔消防団員の立入検査〕は、消防対象物を対象としています。

消防法が制定された当時からある第4条も、その後追加された第4条の2も、防火対象物を対象としていましたが、昭和40年5月14日法律第65号で消防対象物を対象とすることに改正されました。

当時の通知(消防法及び消防組織法の一部を改正する法律の公布について(昭和40年5月14日自消甲予発第46号))では、「従来、第4条又は第4条の2によって行う消防機関の予防査察における検査及び質問の対象は、防火対象物に限定されていて、単なる物件についてはこれを行うことができなかったので、この物件を含めた消防対象物に改められたこと。」とあります。

イ 第25条〔応急消火義務等〕

火災が発生したとき、消防隊が到着するまでの間における、消防対象物の関係者の消火、延焼防止及び人命救助の義務を定めています。

火災が発生するのは、防火対象物のみではないので、消防対象物の関係者を対象としています。

ウ 第29条〔消火活動中の緊急措置等〕

火災が発生したとき又は火災がまさに発生しそうなとき、消火、延焼防止及び人命救助を行う際に、燃えているもの、燃えそうなもの、さらにこれらがある土地を、消防吏員又は消防団員が

使用、処分及び使用制限できることを定めています。

　第25条の考え方と同じように、火災が発生するのは防火対象物のみではないので、消防対象物及び消防対象物がある土地を緊急措置等の対象としています。

　以上のように、消防対象物という用語は、主に消防活動に関する条文に用いられていることが分かります。

つまり、火災が発生し、消防活動の対象となる可能性があるものという広い範囲で捉えたものが消防対象物であるのに対して、火災発生による人的な危険性が比較的高く、予防行政の対象となるものが防火対象物であると考えられます。

テーマ3　防火対象物の用途

　防火対象物のうち、消防用設備等の設置・維持や、防火管理者の選任などが義務付けられる用途は、消防法施行令別表第1に掲げられています。防火対象物の用途、規模、収容人員等により義務付けられる内容が異なるので、用途が別表第1のどの項に該当するかを判断することは、予防行政を行う上で、誤ってはならない大切な事項です。防火対象物には用途が一つのみのものと、様々な用途が存在する複合用途防火対象物とがあります。後者の例外として、みなし従属があり、その取扱いができる場合は、主な用途一つのみの防火対象物として扱います。

キーワード
- 消防法施行令別表第1
- 複合用途防火対象物
- 機能従属
- みなし従属

1　用途判定

　予防行政の対象は防火対象物であり、その中でも、消防用設備等の設置・維持や防火管理者の選任などの義務は、消防法施行令別表第1に掲げるものを対象としています。お手持ちの法令集を見てみてください。別表第1は、防火対象物の用途を示したもので、22の項に分かれており、さらに項が細分され、全部で35種類に分かれています。このうちの、どの項に該当するかを判断することを用途判定と呼んでいます。

　用途判定を誤ると、防火対象物の規模や収容人員などに応じて課せられる防火防災管理上の義務が全て違ってしまうので、用途判定は予防行政を行う上で誤ってはならない大切な事項です。

2　防火対象物の中に一つの用途しかない場合

　別表第1を見てみましょう（**図1**）。
　(1)項イから順に、具体的な用途が書いてあります。劇場、飲食店、共同住宅などのように名称そのものが書いてあるものもありますが、世の中に存在する全ての用途が書かれてはいません。
　例えば、郷土資料館は、名称そのものは別表第1のどの項にもありません。郷土資料館は、その地域の歴史や民俗、風土に関する資料を収集、保存し、所蔵品を展示により一般に公開して、それらを調査研究、教育などに役立てていくという施設です。これは、博物館と同様の目的、使用形態ですから、名称は博物館でなくても、「図書館、博物館、美術館その他これらに類するもの」として、(8)項に該当します。
　事務所ビルは何項かと聞かれたら、消防職員なら「(15)項だ」と答えると思いますが、なぜ(15)項なのかと聞かれたら、どのように説明しますか。別表第1を見ると、事務所という用途は書かれていません。
　では、「(15)項だ」と思っていたのはなぜなのでしょうか。(15)項を見ると、「前各項に該当しない事業場」と書かれています。つまり、「事務所だから(15)項」なのではなく、「(1)項から(14)項までに該当するものがないから、(15)項」なのです。
　別表第1の見方は、法文と同じで、一つ目から順に当たって該当するものを適用します。(1)項イから順に当たっていって、該当するものがあったところでストップすると考えてください。どこにもストッ

テーマ3　防火対象物の用途

			飲食店	郷土資料館	事務所	個人住宅
(1)	イ	劇場等				
	ロ	公会堂等				
(2)	イ	キャバレー等その他これらに類するもの				
	ロ	遊技場又はダンスホール				
	ハ	性風俗関連特殊営業店舗（ニ並びに(1)項イ、(4)項、(5)項イ及び(9)項イに掲げるものを除く。）				
	ニ	カラオケボックス等				
(3)	イ	料理店等その他これらに類するもの				
	ロ	飲食店	■			
(4)		百貨店等				
(5)	イ	旅館等その他これらに類するもの				
	ロ	共同住宅等				
(6)	イ	病院等				
	ロ	社会福祉施設（避難困難入所施設）				
	ハ	社会福祉施設（ロ以外の入所施設、通所施設）				
	ニ	幼稚園等				
(7)		小学校等その他これらに類するもの				
(8)		博物館等その他これらに類するもの		■		
(9)	イ	公衆浴場のうち、蒸気浴場等その他これらに類するもの				
	ロ	イに掲げる公衆浴場以外の公衆浴場				
(10)		車両の停車場等				
(11)		神社等その他これらに類するもの				
(12)	イ	工場等				
	ロ	映画スタジオ等				
(13)	イ	自動車車庫等				
	ロ	飛行機等の格納庫				
(14)		倉庫				
(15)		前各項に該当しない事業場			■	
(16)	イ	複合用途防火対象物のうち、その一部が(1)項から(4)項まで、(5)項イ、(6)項又は(9)項イに掲げる防火対象物の用途に供されているもの				
	ロ	イに掲げる複合用途防火対象物以外の複合用途防火対象物				

※　別表第1を抜粋、簡記したものです。

図1　別表第1の見方

プしなかったものは、(15)項まで進むのです。

　個人の住宅は、どんなに大家族でも防火管理者の選任が義務付けられず、どんなに面積が広く階層が高くても、消防用設備等の設置が義務付けられていないのはなぜでしょうか。先ほどの別表第1の見方で追っていくと、(1)項から(14)項までに該当するものはありません。では(15)項かと見てみると、(15)項には「前各項に該当しない事業場」と書かれています。つまり、個人の住宅は、(1)項から(14)項までに該当せず、事業場でもないので、別表第1に掲げる防火対象物ではないのです。別表第1に掲げる防火対象物になるとすれば、その住宅が歴史ある建築物で、重要文化財に指定された場合に、(17)項に該当するくらいです。

テーマ3　防火対象物の用途

❸　防火対象物の中に二つ以上の用途がある場合　□□□

防火対象物の中に、飲食店、事務所、物品販売店舗などいろいろな用途がある場合、「複合用途防火対象物」と扱う場合と、主な用途一つのみの防火対象物と扱う場合があります。

(1) 複合用途防火対象物

「複合用途防火対象物」は、防火対象物の中に消防法施行令で定める二つ以上の用途がある防火対象物であると消防法第8条で規定しています。

消防法施行令第1条の2第2項を見てみると、「法第8条第1項の政令で定める二以上の用途は、異なる二以上の用途のうちに別表第1(1)項から(15)項までに掲げる防火対象物の用途のいずれかに該当する用途が含まれている場合における当該二以上の用途とする。」とあります。つまり、二つ以上の用途のうち、一つでも(1)項から(15)項までに該当する場合が複合用途防火対象物なのです。

複合用途防火対象物は、別表第1では、(16)項に該当します。(16)項はイとロの二つに分かれており、イは(1)項から(4)項まで、(5)項イ、(6)項又は(9)項イに掲げる用途（不特定多数の人が利用する用途）を含むもの、ロはそれ以外のものをいいます。

なお、不特定多数の人が利用する用途部分の床面積が300㎡未満で、不特定多数の人が利用する用途以外の部分が延べ面積の90％以上である場合は、(16)項ロと取り扱って差し支えないことが、昭和52年の国の質疑（昭和52年1月6日消防予第3号、昭和52年2月15日消防予第23号）で示されています（**図2**）。

また、消防法施行令第8条の区画、通称「令8区画」があっても、用途判定の際には考慮しないので、注意が必要です。

(2) 主な用途一つのみの防火対象物を扱う場合

消防法施行令第1条の2第2項の後段では、「この場合において、当該異なる二以上の用途のうちに、一の用途で、当該一の用途に供される防火対象物の部分がその管理についての権原、利用形態その他の状況により他の用途に供される防火対象物の部分の従属的な部分を構成すると認められるものがあるときは、当該一の用途は、当該他の用途に含まれるものとする。」とあります。つまり、二つ以上の用途があっても、一定の条件に当てはまれば、用途が一つであると考えるということです。

別表第1の備考に、この場合は「当該防火対象物は、当該各項に掲げる防火対象物とする」とあるので、二つ以上の用途があっても、(1)項から(15)項までのいずれか一つの用途になります。

一定の条件である「管理についての権原、利用形態その他の状況により他の用途に供される防火対象物の部分の従属的な部分を構成すると認められる部分」については、「令別表第1に掲げる防火対象物の取り扱いについて」（昭和50年4月15日消防予第41号・消防安第41号）で示しています。それには2種類あり、一つは機能従属、もう一つはみなし従属と呼ばれています。

ア　機能従属

防火対象物の中の主な用途に使用される部分に機能的に従属していると認められる部分で、①管理権原者が同一、②利用者が同一又は密接な関係がある、③利用時間がほぼ同一である、この

共同住宅(5)項ロ　500㎡	
共同住宅(5)項ロ　500㎡	
事務所(15)項　500㎡	
事務所(15)項 350㎡	コンビニ(4)項 150㎡

延べ面積　2,000㎡
特定用途　コンビニ(4)項
　　150㎡＜300㎡‥‥‥‥‥‥‥‥‥OK
特定用途以外　共同住宅(5)項ロ 1,000㎡
　　　　　　　事務所(15)項　　 850㎡
　　1,850㎡≧2,000×90％‥‥‥‥‥‥OK
したがって、全体の用途は(4)項と(5)項ロと(15)項があるが、(16)項ロ

図2　複合用途防火対象物の用途判定

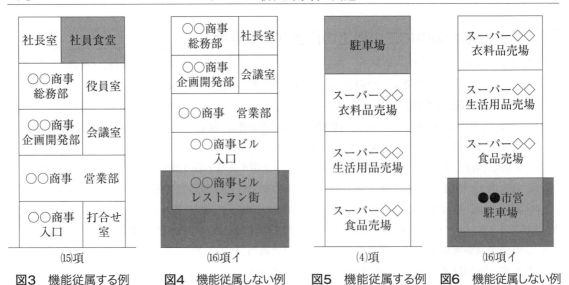

図3　機能従属する例　　図4　機能従属しない例　　図5　機能従属する例　　図6　機能従属しない例

全ての条件を満たす場合を、「機能従属」と呼んでいます。なお、主な用途に使用される部分に機能的に従属していると認められる具体的な部分については、昭和50年消防予第41号・消防安第41号の別表で示されています。

　例えば、事務所ビルの中にレストランがある場合、事務所は⒂項で、レストランは⑶項ロに該当します。そのレストランが、事務所ビルの勤務者の福利厚生のために会社が設けたもので、勤務時間内に営業しており、社員食堂である場合は、レストラン部分も事務所の用途＝⒂項に含まれ、防火対象物全体が⒂項となります（図3）。

　一方、レストランがその事務所ビルの勤務者以外の人も利用できるもので、営業時間もオフィスと異なる場合には、機能的に従属しているとはいえないので、原則どおり⑶項ロとなり、防火対象物全体としては⒂項と⑶項ロの複合用途防火対象物である⒃項イとなります（図4）。

　ほかの例では、スーパーマーケットの中に駐車場がある場合、スーパーマーケットは⑷項、駐車場は⒀項イに該当します。その駐車場が、スーパーの利用客のために設けられたもので、営業時間もスーパーマーケットと同じで、実際に利用客が駐車している場合は、駐車場部分もスーパーマーケットの用途＝⑷項に含まれ、防火対象物全体が⑷項となります（図5）。

　一方、駐車場が市営などで、営業時間もスーパーマーケットと異なり、スーパーマーケット利用客以外の人も利用できる場合は、機能的に従属しているとはいえないので原則どおり⒀項イとなり、防火対象物全体としては⑷項と⒀項イの複合用途防火対象物である⒃項イとなります（図6）。

イ　みなし従属

　機能的に従属していなくても、防火対象物の主な用途に使用される部分の床面積に対し、他の用途に使用される部分の床面積が非常に小さい場合、従属するとみなします。これを「みなし従属」と呼んでいます。

　具体的には、主な用途に使用される部分の床面積の合計が、防火対象物の延べ面積の90％以上であり、他の用途に使用される部分の床面積の合計が300㎡未満である場合をいいます。ただし、⑵項ニ、⑸項イ若しくは⑹項イ⑴から⑶まで若しくはロに掲げる防火対象物又は同表⑹項ハに掲げる防火対象物（利用者を入居させ、又は宿泊させるものに限る。）の用途に供される部分を除きます。

　例えば、⑸項ロである共同住宅の1階に、コンビニエンスストアがある場合、コンビニエンス

ストアは共同住宅の居住者以外の誰でも利用できますから、機能的には従属しているとはいえません。

この場合でも、共同住宅が防火対象物全体の延べ面積の90％以上であり、コンビニエンスストアが300㎡未満の場合は、コンビニエンスストア部分も⑸項ロとみなし、防火対象物全体が⑸項ロとなります（図7）。

共同住宅が防火対象物全体の延べ面積の90％以上でも、コンビニエンスストアが300㎡以上の場合は、コンビニエンスストア部分は原則どおり⑷項と判断し、防火対象物全体としては⑸項ロと⑷項の複合用途防火対象物である⒃項イとなります（図8）。

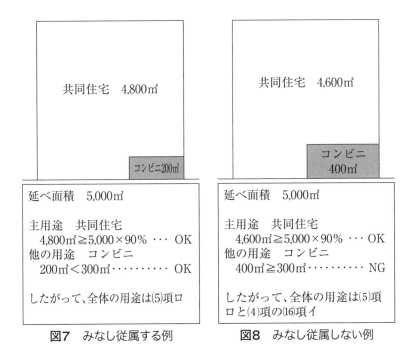

図7　みなし従属する例　　　図8　みなし従属しない例

テーマ4　防火対象物の収容人員

消防法で用いられる「収容人員」とは、防火対象物に出入りし、勤務し、又は居住する者の数をいいます。
収容人員の算定方法は、防火対象物の用途ごとに規定されているため、使用実態に応じて用途判定を行わなければ、算定ができません。
また、防火対象物の主たる部分以外の従属的な部分や、消防法施行令第2条が該当する場合など、他の条文により、用途判定や算定方法が通常と異なる場合があるため、注意が必要です。

キーワード
- ☐ 収容人員
- ☐ 用途判定
- ☐ 従属的な部分
- ☐ 消防法施行令第2条

1　収容人員

例えば飲食店において、消防法第8条に基づく防火管理者が必要か否かを判断する場合、収容人員が30人以上であれば必要と判断されますが、そもそも、収容人員とは一体なんでしょうか。

収容人員とは、「防火対象物に出入りし、勤務し、又は居住する者の数をいう」と消防法施行令第1条の2第3項で定義されています。

「出入…する者」とは、勤務又は居住を目的とする者を除き、防火対象物で通常予定されている利用目的（集会、遊技、購買等）のために出入りする者をいいます。「勤務…する者」とは、防火対象物において事業に従事する者をいい、「従業者」又は「教職員」をいいます。「居住する者」とは、防火対象物又はその部分を住居として使用する者をいい、「居住者」として取り上げるほか「病床の数」や「要保護者の数」をいいます。

収容人員の算定方法は、消防法施行規則第1条の3で、防火対象物の用途ごとに規定されています。算定された収容人員は、消防法に基づく防火管理の実施や、消防用設備等の設置に際しての判断基準として用いられます。

このテーマで説明する収容人員は、防火対象物に掲示されている最大収容人員や定員とは異なる場合があります。

2　収容人員の算定方法

収容人員の算定方法は、消防法施行規則第1条の3に防火対象物の用途ごとに規定されています。
例えば、百貨店（(4)項）の算定方法は、次のとおりです。

> 次に掲げる数を合算して算定する。
> 1　従業者の数
> 2　主として従業者以外の者の使用に供する部分について次のイ及びロによって算定した数の合計数
> 　イ　飲食又は休憩の用に供する部分については、当該部分の床面積を3㎡で除して得た数
> 　ロ　その他の部分については、当該部分の床面積を4㎡で除して得た数

「従業者の数」とは、正規・臨時を問わず、平常時における数を基準とし、「主として従業者以外の者の使用に供する部分」とは、物品の販売や客が利用する売場部分をいい、事務室や商品倉庫といった場所は除かれます。また、床面積の除算をする際に端数が生じた場合は、端数を切り捨てて算定します。

これらを踏まえて百貨店の収容人員を算定すると、**図1**のようになります。

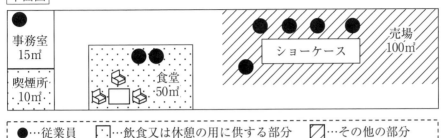

算定例
(1) 従業者　8人
(2) 飲食又は休憩で使用する部分　10㎡ + 50㎡ = 60㎡
(3) その他の部分　100㎡
　　8（人）+（60（㎡）÷ 3（㎡））+（100（㎡）÷ 4（㎡））= 53（人）となり、収容人員は、53人となります。

図1　百貨店(4)項の収容人員の算定方法

複合用途防火対象物や地下街における算定方法は、複数の用途部分をそれぞれ一つの防火対象物とみなして個別に算定していき、最後に合算をして収容人員を算定します。

3　収容人員算定上の留意事項

(1) 機能従属とみなし従属

前述のとおり、収容人員算定においては、防火対象物の用途を使用実態に応じて判定しなければなりませんが、複合用途防火対象物の収容人員算定においては、防火対象物の一部が、使用実態と異なる用途として判定される場合があります。

例えば、共同住宅に設けられた駐車場の使用実態をみると、必ずしも独立した用途部分ではなく、共同住宅部分と機能的に従属している場合（機能従属）があります（**図2**）。また、大部分が単独用途（以下「主たる用途」という。）で、その他の部分が異なる用途で比率上極めて小さい場合は、異なる用途部分を主たる用途の一部とみなす場合（みなし従属）があります（**図3**）。これらは、消防法施行令第1条の2第2項に基づき、複合用途防火対象物の特性である「雑居性」という観点からみて、使用実態にそぐわない部分を、主たる用途の従属的な部分として用途判定するものです。

従属的な部分における収容人員の算定方法は、主たる用途部分の用途判定に従って行うため、算定の際は注意が必要です。

(2) 消防法施行令第2条

原則として、同一敷地内に2棟以上の防火対象物がある場合、使用実態に応じた用途を防火対象物ごとに判定し、収容人員を算定します。

しかし、消防法施行令第2条（以下「令2」という。）の規定では、同一敷地内に管理権原者が同

（機能従属の判定条件）

次の全てに該当するもの

(1) 管理権原を有する者が同一
(2) 利用者が同一又は密接な関係がある
(3) 利用時間がほぼ同一

共同住宅(5)項ロ　居住者50人
共同住宅(5)項ロ　居住者50人
駐車場(13)イ　従業者3人

算定例
(1) 駐車場部分の管理権原者が、共同住宅部分の管理権原者と同一
(2) 駐車場部分の利用者が、不特定の者でなく、共同住宅部分の利用者と同一
(3) 駐車場部分の利用時間が、共同住宅部分の利用時間とほぼ同一
(4) 以上から、機能従属の条件を満たすため、駐車場部分は共同住宅とみなして収容人員の算定を行います（共同住宅の収容人員は、居住者の数で算定するため、駐車場部分における居住者の数は0人と算定します。）。
50（人）＋50（人）＋0（人）＝100（人）　となり、収容人員は、100人となります。

図2　機能従属における収容人員の算定例

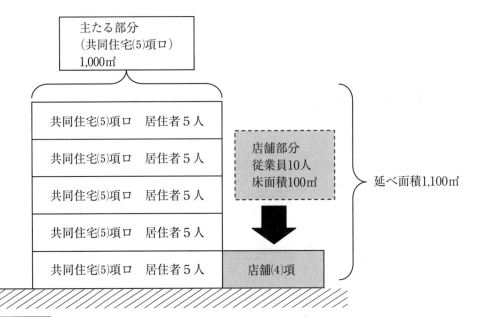

算定例
(1) 主たる用途部分（共同住宅(5)項ロ）の床面積の合計は1,000㎡で、延べ面積1,100㎡の90％以上
(2) 主たる用途以外の部分（店舗(4)項）の床面積の合計は300㎡未満
(3) 以上から、みなし従属の条件を満たすため、店舗部分は共同住宅とみなして収容人員の算定を行います（共同住宅の収容人員は、居住者の数で算定するため、店舗部分における居住者の数は0人と算定します。）。
5（人）＋5（人）＋5（人）＋5（人）＋5（人）＋0（人）＝25（人）　となり、収容人員は、25人となります。

図3　みなし従属における収容人員の算定例

一である2棟以上の防火対象物がある場合、それらを1棟の防火対象物とみなして用途と収容人員を合算し、防火管理義務の有無を判定します（図4）。

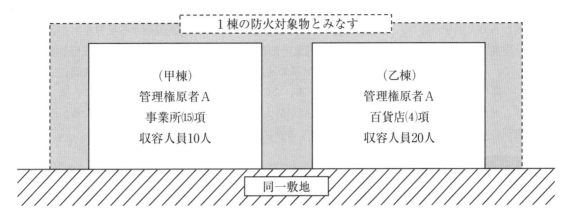

図4　消防法施行令第2条の適用例

　令2の規定が適用されるのは、消防法第8条第1項に基づく防火管理の規定に限られます。これは、令2の条文中に、「…法第8条第1項の規定の適用については、…」と示されているためです。
　したがって、消防法第17条に基づく消防用設備等の設置に係る規定については、令2は適用されません。また、共同住宅については、同一敷地内に複数棟の共同住宅が存在しても、一般的に管理権原者が同一とならないことから、令2の規定は適用せず、棟ごとに収容人員を算定し、防火管理義務対象物か否かを判定することになります。

4　収容人員の管理

　防火対象物の関係者が営業本位に走り、防火対象物の規模や空間、避難施設の実態を無視して過剰な人員を収容すれば、万が一のときにパニックを誘発して避難が困難になるなど、最悪の事態に陥りかねません。そのため、消防法第8条に基づき、管理権原者及び防火管理者は「避難又は防火上必要な収容人員の管理」を行わなければなりません。
　この「避難又は防火上必要な収容人員の管理」とは、いわゆる定員管理のことであり、その算定方法については、消防法施行規則第1条の3により算定された収容人員が「一応の目安」となりますが、必ずしもこれに拘束されるものではありません。
　しかし、当該規定の趣旨を踏まえて、管理権原者及び防火管理者は、自らが管理等している防火対象物の収容人員を常に意識し、適正な管理に努めることが求められます。

テーマ5　消防同意

　建築物からの火災を予防し、火災から人命や財産を守るためには、計画段階から配慮をする必要があります。建築主事又は建築副主事が建築計画が適法であるかをチェックする「建築確認」を行う場合は、原則として、あらかじめ管轄の消防長又は消防署長の同意が必要とされています。「建築確認」における消防機関の関与は、「消防同意」と呼ばれています。この制度は、申請の簡素化を図りつつ、消火活動のみならず、火災予防行政も担当している消防機関が防火の専門家として、建築物の計画段階から防火安全性の確保のための指導を効果的に行う、非常に重要な意義を持っています。

キーワード
- [ ] 消防同意
- [ ] 建築確認
- [ ] 建築主事
- [ ] 防火に関する規定

1　同意とは

　予防の仕事に「消防同意」がありますが、そもそも「同意」とは何でしょうか。「同意」という言葉の意味を辞書で調べると「①同じ意味、②同じ意見、③他人の意見に賛成すること」（広辞苑）とあります。誰の求めにより、誰が、何のために、何を対象に、どのような要件で同意するのでしょうか。

　消防同意は、消防法第7条に定められていますので、法文を区切りながら見てみます（**図1**）。簡単にいうと、同意を求める人は「確認等をする行政庁など」、同意をする人は「管轄の消防長又は消防署長」、

消防法第7条第1項

- 建築物の新築、増築、改築、移転、修繕、模様替、用途の変更若しくは使用について許可、認可若しくは確認をする権限を有する**行政庁**
- 若しくは**その委任を受けた者**
- 又は建基法第6条の2第1項の規定による確認を行う**指定確認検査機関**

は、
当該許可、認可若しくは確認又は同法第6条の2第1項の規定による確認に係る建築物の工事施工地又は所在地を管轄する**消防長又は消防署長**の同意を得なければ、当該許可、認可若しくは確認又は同項の規定による確認をすることができない。

← 同意を求める人
← 同意をする人

消防法第7条第2項

消防長又は消防署長は、前項の規定によって同意を求められた場合において、当該**建築物の計画**が
法律又はこれに基づく命令若しくは条例の規定で建築物の防火に関するものに違反しないものであるときは、
建基法第6条第1項第4号に係る場合にあっては、同意を求められた日から3日以内に、
その他の場合にあっては、同意を求められた日から7日以内に
同意を与えて、その旨を当該行政庁若しくはその委任を受けた者又は指定確認検査機関に通知しなければならない。

← 同意の対象
← 同意の要件

図1　消防法に規定する同意

同意の対象は「確認等が必要な新築、増築などをする建築物の計画」、同意の要件は「建築物の計画が防火に関する規定に違反しないこと」であることが分かります。何のために同意するのかについては、最後に触れます。

2 建築確認に対する消防同意

消防同意は、建築物の許可、認可及び確認の際に行うもので、消防法第7条では対象法令について何も限定を加えていません。許可なども消防同意の対象となる場合がありますが、消防同意のほとんどは、建築基準法（以下このテーマ中において「建基法」という。）に基づく建築確認の際に行っていますので、これを例に話を進めます。

(1) 建築確認

建築確認とは、建築物を新築、増築などする前に、その計画が建築基準に関する規定に適合するものであることを確認することです。建築主は、建築主事又は建築副主事の確認を受け、確認済証の交付を受けなければ、工事に着手できないことが、建基法第6条に定められています（**図2**）。

建基法第6条第1項

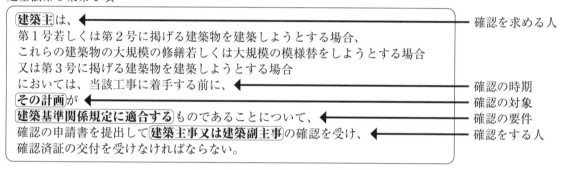

図2　建基法に規定する建築確認

建築主事又は建築副主事（以下「建築主事等」という。）とは、都道府県、市町村などの職員のうち、確認に関する事務をつかさどるために置かれた職員で、いわば確認の最終責任者です。建基法では、指定確認検査機関という民間の機関も建築主事等と同様に確認をすることができますが、ここでは説明を省略します。

(2) 建築確認と消防同意の関係

建基法第6条には、消防という語句は出てきません。

消防との関係を定めているのは建基法第93条で、確認の条件として、建築主事等は、消防長又は消防署長の同意を得なければならないと定められています（**図3**）。消防法第7条第1項（**図1**）と建基法第93条第1項（**図3**）を見比べると、書かれている内容は同じです。

建基法第93条第1項

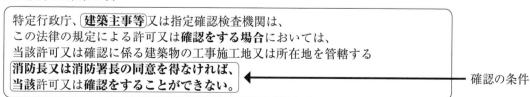

図3　建基法に規定する消防同意

先ほど、同意を求める人は「確認等をする行政庁など」であると述べました。建築確認では、「確認をする建築主事等」が同意を求めます。建築主事等は、「建築基準に関する規定に適合するので確認をしようと思うのですが、防火の専門家である消防の目から見ても、その中の防火に関する規定に適合していますよね？」と、消防長又は消防署長に「同意」を求めているのです。

　同意の意思は、消防長又は消防署長から建築主事等に通知されるもので、建築主にされるものではありません。消防同意は建築主事等と消防長又は消防署長との間、つまり行政機関同士のやりとりであり、建築主に対する行政処分ではないのです（図4）。

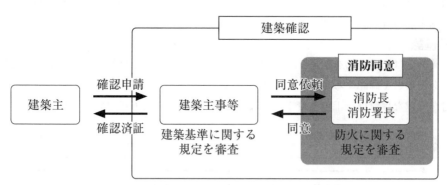

図4　建築確認と消防同意の関係（イメージ図）

(3) 消防同意の対象

　建築確認の際には、消防同意が原則として必要ですが、消防同意の対象としていないものがあります。それは、防火地域及び準防火地域以外の区域内における戸建て専用住宅及び住宅以外の部分の床面積が延べ面積の2分の1未満かつ50㎡以下の併用住宅です（図5）。

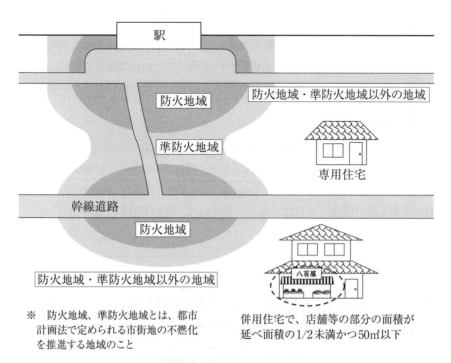

図5　消防同意の対象にならないもの

(4) 消防同意の要件

消防同意の要件は、建築物の計画が「防火に関する規定に違反しないこと」です。

防火に関する規定とは、具体的には、建築物の構造、防火区画、避難、内装、設備等、さらに建築物の敷地に関することなどです。これには、消防法や同施行令、同施行規則、火災予防条例といった消防関係法令だけでなく、幅広く、法律、命令及び条例に規定されるものが全て含まれます。

例えば、幼稚園設置基準（文部省令）の第8条に「園舎は、2階建以下を原則とする。（中略）保育室、遊戯室及び便所の施設は第1階に置かなければならない。ただし、園舎が耐火建築物で、幼児の待避上必要な施設を備えるものにあつては、これらの施設を第2階に置くことができる。」とあります。これは、火災時の幼児の避難安全のための規定ですので、幼稚園の計画について同意を求められた際には、防火に関する規定として審査の対象になると考えられます。

したがって、消防関係法令以外でも、防火に関する規定に違反している場合には、消防長又は消防署長は同意しないことになります。

表　建築確認が必要な建築物と消防同意期間

建基法	用途・構造	規模	工事種別	確認期間	同意期間
第6条第1項第1号	① 特殊建築物　劇場、映画館、演芸場、観覧場、公会堂、集会場、病院、診療所（患者の収容施設があるものに限る。）、ホテル、旅館、下宿、共同住宅、寄宿舎、児童福祉施設等、学校、体育館、博物館、美術館、図書館、ボーリング場、スキー場、スケート場、水泳場、スポーツの練習場、百貨店、マーケット、展示場、キャバレー、カフェー、ナイトクラブ、バー、ダンスホール、遊技場、公衆浴場、待合、料理店、飲食店、物品販売店舗、倉庫、自動車車庫、自動車修理工場、映画スタジオ、テレビスタジオ等	その用途の床面積＞200㎡	新築 増築 改築 移転 大規模修繕 大規模模様替 用途変更 ※2	35日	7日
第6条第1項第2号	② ①以外の建築物	階数≧2　又は延べ面積＞200㎡			
第6条第1項第3号	③ 都市計画区域等の区域内で①②以外の全ての建築物	規模に関係なし	同上	7日	3日
第93条第1項	防火地域、準防火地域以外の区域内における住宅※1（長屋、共同住宅等を除く。）	制限なし		①〜③の区分による	同意不要

※1　一般専用住宅及び住宅の用途以外の用途に供する部分の床面積が延べ面積の1/2未満かつ50㎡以下の併用住宅
※2　新築：建築物のない敷地に、新たに建築物を造ること
　　　増築：建築物の床面積を増加させること
　　　改築：建築物の一部又は全部を取り壊し、同一敷地内に、位置、用途、規模及び構造の著しく異ならない建築物を作ること
　　　移転：同一敷地内で、建築物の位置を移すこと
　　　大規模修繕：建築物の主要構造部の1種以上の過半を、原状回復すること
　　　大規模模様替：建築物の主要構造部の1種以上の過半を、元の状態と変更すること
　　　用途変更：一の特殊建築物から他の特殊建築物に変えること又は特殊建築物以外の建築物から特殊建築物に変えること

(5) 消防同意の処理期間

消防同意の処理期間は、3日以内のものと、7日以内のものに分けて定められています（**表**）。消防機関は、この期間内に審査の上、同意又は不同意（不同意の場合はその事由を併せて）を建築主事等に通知しなければなりません。ただし、通知は、期間内に建築主事等に到達しなくても、消防長又は消防署長が発信すればよいとされています。

期間の算定方法は建基法の規定にないので、民法にならいます。注意するのは、同意を求められた当日は算入されないことです。また、期間の終了日が土曜日、日曜日、休日、12月29日から1月3日までに当たる場合は、翌開庁日を終了日とします（**図6**）。

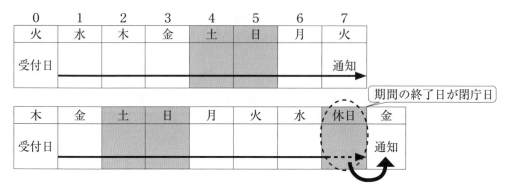

図6 同意の期間（7日以内の場合）

3 消防同意の趣旨

最後に、何のために消防長又は消防署長が同意をするのかを説明します。

消防機関は、消火活動を通じて火災の実態を熟知し、火災予防行政を担う防火の専門家です。

消防法では、建築物の完成後に立入検査を行い、建築物の防火上不適当な箇所を是正させることも、使用禁止等の命令をすることも可能です。しかし、完成後に工事をやり直すのでは、初めから計画するより余計に費用がかかり、建築主に多大な損失をもたらすことになります。また、改修工事が十分に行われない場合には、その建築物の利用者や、建築物が建つ地域が火災危険にさらされることにもなります。

消防機関が建築物の設計段階から関与できるようにしているのは、建築物の所有者、利用者等の負担をできるだけ軽くしながら、建築物の火災予防上の安全性を効果的に確保するためです。

それならば、消防機関が直接、建築主とやりとりをしたほうがよいと思う方がいるかもしれません。しかし先に述べたとおり、建基法では、建築主が建築物の計画について建築主事等の確認を受けることになっています。

消防同意は、建築主にとっては一つの手続きで、建築と消防という二つの行政機関の関与が可能となるよう配慮された効率的な制度なのです。また、防火安全性を備えた建築物を造るという目的のための極めて重要な意義のある制度なのです。

テーマ6　消防用設備等の設置単位

消防用設備等の設置単位の原則は、「棟」です。

この例外として、消防法施行令では、第9条で棟が複合用途の場合の各用途の部分、第8条で開口部のない耐火構造の防火区画を設定した場合等、区画のそれぞれの部分が設置単位であると規定されています。

また、建築物と建築物が一定の要件を満たす渡り廊下、地下連絡路又は洞道（ガス管・送電線用などの地下に設けたトンネル）で接続されている場合は、それぞれの建築物を別々の消防用設備等の設置単位として取り扱うこともできます。

キーワード
- 設置単位
- 令9
- 令8区画
- 渡り廊下・地下連絡路・洞道別棟

1　設置単位の原則

消防用設備等は、防火対象物の用途、規模、階数などの要件で設置基準が定められています。消防用設備等を設置する防火対象物は、消防法施行令第6条で別表第1に掲げる防火対象物とされており、設置単位は、建築物である防火対象物については、特段の規定（第8条、第9条、第9条の2、第19条第2項及び第27条第2項）のない限り、棟であり、敷地ではありません。

棟とは、原則として、独立した一の建築物又は二以上の独立した一の建築物が渡り廊下等で相互に接続されて一体となったものをいいます（令和6年3月29日消防予第155号）。

飲食店を例にとると、別表第1(3)項ロに該当し、延べ面積が消火器は150㎡以上、屋内消火栓設備は700㎡以上、自動火災報知設備は300㎡以上の場合に設置しなければなりません。

一つの防火対象物に(3)項ロ（飲食店）がいくつも入っているような場合も、(3)項ロという用途の面積を全て合算して一定以上の規模に達していれば、棟全体に消防用設備等を設置しなければなりません（**図1**）。

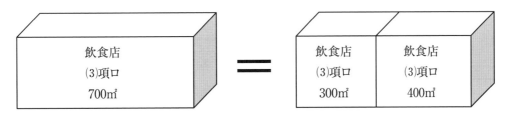

どちらも、消火器、屋内消火栓、自動火災報知設備が必要

図1　消防用設備等の設置単位の原則は「棟」

2 令9

では、(16)項のように、一つの棟にいくつもの「用途」がある場合は、どのように考えればよいでしょうか。消防法施行令第9条では、複合用途である場合に、原則として各「用途」ごとに一つの独立した防火対象物とみなして消防用設備等の設置基準を適用するものとしています。ただし、第9条の条文中括弧内に掲げられている規定（後記の第9条条文中アンダーライン部分）については、用途ごとに設置を考えるのではなく、防火対象物全体として考えるべきものとして、本条の規定を除外しています。例えば、第12条第1項第3号に該当する「(16)項イに掲げる防火対象物で、地階を除く階数が11以上のもの」には、複合用途である棟全体にスプリンクラー設備を設置しなければなりません。

> **令第9条**
> 　別表第1(16)項に掲げる防火対象物の部分で、同表各項（(16)項から(20)項までを除く。）の防火対象物の用途のいずれかに該当する用途に供されるものは、この節＊（<u>第12条第1項第3号及び第10号から第12号まで、第21条第1項第3号、第7号、第10号及び第14号、第21条の2第1項第5号、第22条第1項第6号及び第7号、第24条第2項第2号並びに第3項第2号及び第3号、第25条第1項第5号並びに第26条を除く。</u>）の規定の適用については、当該用途に供される一の防火対象物とみなす。

　＊　この節とは、「第3節　設置及び維持の技術上の基準」（第8条から第33条の2まで）です。

　例えば、1階が飲食店と物販、2階から上階が共同住宅といった防火対象物の場合、①複合用途（棟全体）、②飲食店、③物販、④共同住宅という四つの用途についてそれぞれ消防用設備等の設置を判断します（図2）。

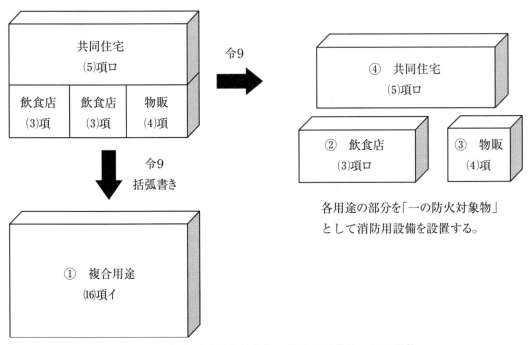

図2　複合用途防火対象物の消防用設備等の設置単位

3 令8区画

(1) 令8区画とは

第9条が、用途ごとに別々の設置単位として消防用設備等を設置するのに対して、第8条第1号では、開口部のない耐火構造の床又は壁で区画されているときは、その区画部分と他の部分を別の独立した防火対象物とみなして消防用設備等の設置基準を適用するものとしています。例えば、共同住宅などの非特定用途の一部に物販などの特定用途がある場合に、非特定用途と特定用途を第8条の基準により区画することがあります（**図3**）。

> **令第8条**
> 防火対象物が次に掲げる当該防火対象物の部分で区画されているときは、その区画された部分は、この節*の規定の適用については、それぞれ別の防火対象物とみなす。
> (1) 開口部のない耐火構造（建築基準法第2条第7号に規定する耐火構造をいう。以下同じ。）の床又は壁
> (2) 床、壁その他の建築物の部分又は建築基準法第2条第9号の2ロに規定する防火設備（防火戸その他の総務省令で定めるものに限る。）のうち、防火上有効な措置として総務省令で定める措置が講じられたもの（前号に掲げるものを除く。）

＊　この節は、第9条と同じです。

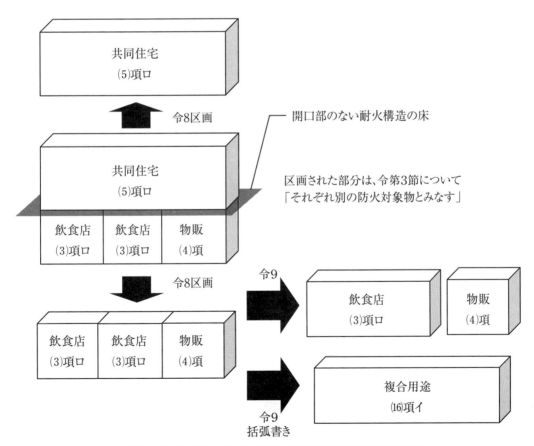

図3　令8区画した防火対象物の消防用設備等の設置単位

第8条の基準により区画を設置すると、区画した部分ごとに第3節の設置及び維持の技術上の基準が適用されます。

図3のように令8区画を設置すると、①共同住宅、②複合用途（飲食店・物販）の二つの防火対象物が別々の消防用設備等の設置単位となります。さらに、②複合用途（飲食店・物販）の部分には令第9条の適用があります。

(2) 令8区画の構造

令8区画の構造や区画を貫通する配管等（配管の貫通は(3)で説明します。）については、消防法施行規則第5条の2で示されています。

構造の要件の概要は、以下のとおりです。

① 鉄筋コンクリート造や鉄骨鉄筋コンクリート造のように、堅ろうで容易に変更できない耐火構造である。

② 建築基準法施行令第107条第1号の通常の火災時の火熱に2時間以上耐える性能を有する。

③ 令8区画の屋外側からの延焼を防止するために、令8区画の壁又は床を外壁面又は屋根面から50cm以上突き出させるか、令8区画を設けた部分の外壁又は屋根面が、令8区画を含む3.6m以上の部分を耐火構造とし、当該部分の開口部を制限する（**図4**）。

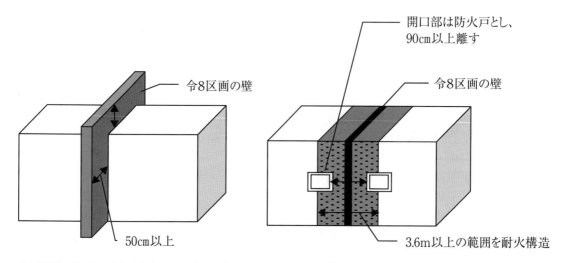

令8区画の壁又は床を突き出させる方法　　3.6m以上の範囲を耐火構造とする方法

図4　令8区画の屋外を介した延焼防止

(3) 令8区画を貫通する配管

令8区画の壁又は床には、窓や出入り口がないことはもちろんのこと、電線、ダクト、配管などの貫通も原則として認められませんが、給排水管については、次の要件を満たす場合に限り貫通させることができます（図5）。

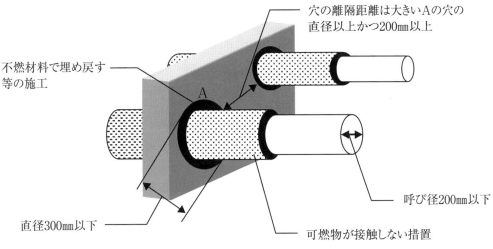

図5　令8区画の給排水管の貫通

① 配管
・用途は原則として給排水管である。
・配管の呼び径は200mm以下である。
② 貫通部
・大きさは直径300mmの円の面積以下である。
・相互間の距離は、大きい方の穴の直径（200mm以下の場合は200mm）以上を有する。
③ 貫通部の穴の処理
・配管と貫通部の隙間を不燃材料により埋める方法その他これに類する方法により、火災時に生ずる煙を有効に遮る。
④ 耐火性能
・配管と貫通部分は一体で、建築基準法施行令第107条第1号の通常の火災時の火熱に2時間以上耐える性能を有する。
⑤ 配管の熱伝導
・配管の表面に可燃物が接触して発火するおそれのある場合は、可燃物が配管の表面に接触しないように措置する。

4　建築物と建築物が渡り廊下等で接続されている場合

渡り廊下で接続された学校の校舎や大きな病院の病棟、都市部の地下連絡路で接続された多くのビルなどの消防用設備等の設置単位はどのように決められるでしょうか。構造上接続されている建築物は、一つの棟ですから原則どおりに考えると接続された全てが1個の消防用設備等の設置単位です。しかし、広大な規模の防火対象物に一体として消防用設備等を設置し維持管理することが困難な場合があり、接続部分を介して延焼しないように措置することで、別々の設置単位として取り扱うことができるとされて

います（令第8条第2号）。これは、昭和36年3月25日に消防法施行令が制定された直後の昭和38年から行われている運用で、消防用設備等の設置単位に関して令8区画と同じ効果を及ぼします。

防火上有効な措置が講じられた壁等の基準（令和6年3月29日消防庁告示第7号）では、渡り廊下、地下連絡路、洞道による接続が示されていますが、ここでは、渡り廊下による接続の基準について説明します（図6）。

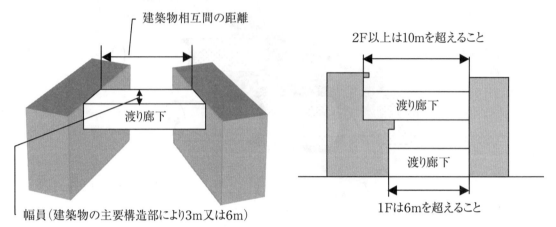

図6　渡り廊下による接続

次の①から③までの全てを満たす場合には、渡り廊下で接続された建築物をそれぞれ別の設置単位として取り扱うことができます。

① 有効幅員
　・渡り廊下が設けられている防火対象物の主要構造部の全部又は一部に木材、プラスチックその他の可燃材料を用いた場合は3m未満である。
　・その他の場合は6m未満である。
② 接続される建築物相互間の距離
　・1階は6mを超える。
　・2階以上の階は10mを超える。
③ 渡り廊下の用途等
　・通行又は運搬の用途のみである。
　・可燃性物品等の存置その他通行上の支障がない状態である。
＊　距離が不足する場合には渡り廊下の構造、接続部、接続される建築物に付加要件あり。

テーマ7　無窓階

「無窓階」は防火対象物に必要な消防用設備等を判断する際に必要となるものです。無窓階に該当するか否かは、その階に設けられた窓などの位置、大きさ、ガラスの種類等により避難と消火活動が困難な階かどうかで判断します。消防同意や立入検査等の際に無窓階と判断された階は、火災時の安全な避難と消火活動をしやすくするため、消防用設備等の設置基準が強化されます。

キーワード
- ☐ 無窓階
- ☐ 有効な開口部
- ☐ 大型開口部
- ☐ 水圧開放装置

1 無窓階とは

消防用設備等の設置の義務を判断するには、防火対象物の用途、床面積、階、収容人員の他に無窓階という要素を一つひとつチェックしなければなりません。

無窓階は「避難上又は消火活動上有効な開口部を有しない階」と規定されており（消防法施行令第10条第1項第5号）、防火対象物の中にいる人が避難するための窓や扉（開口部）、又は消防隊が消火活動のために使用する開口部が十分にない階を指します。これは防火対象物の階ごとに判断するもので、同じ防火対象物の中でも階によって無窓階かどうかは異なります。

無窓階に対して「有効な開口部」がある階を「普通階」といいます。一般的には「有窓階」と呼ぶことが多いのですが、消防法に有窓階という言葉はないので、正しくは普通階と呼びます。

建築基準法にも採光・換気・排煙上の無窓というものがありますが、全く違うものです。

防火対象物の階が無窓階か普通階かを一番初めに判断するのは、事前相談があった場合や、建築確認申請で消防同意を求められたときです。添付されている配置図、平面図、立面図、窓等の大きさや仕様を示した建具表を見て、無窓階であるかどうかを判断します。無窓階は、普通階と比べて避難や消火活動が困難な階になるので、消防用設備等の設置が強化されます。そのため、一般的に設計者は無窓階にならないような計画をします。

それでは、無窓階にならないようにするためにはどうすればよいのでしょうか。無窓階の判断は10階以下と11階以上とで基準が異なります（**表1**）。

表1　無窓階の判断

	無窓階にならない条件（普通階）
1～10階	・直径50cm以上の円が内接することができる開口部の面積の合計が当該階の床面積の30分の1を超える ・大型開口部が2以上必要
11階以上	・直径50cm以上の円が内接することができる開口部の面積の合計が当該階の床面積の30分の1を超える

階層にかかわらず「有効な開口部」の合計面積は、階の床面積の30分の1以上でなければなりません。さらに、1階から10階までは、そのうち2か所以上は「大型開口部」でなくてはいけません。大型開口部とは、消火活動のため空気呼吸器を背負った消防隊員がはしご車等から進入しやすい大きさとして定められたものです。

11階以上は、一般的にはしご車のはしごが届かないため、10階以下と違い大型開口部は要りません。

ちなみに、地下には無窓階の判定が必要ありません。消防法では地下を地階と呼び、無窓階とほぼ同じ消防用設備等が必要とされます。地下には窓がありませんから、必然的に同じ規制がされるということです。

2 有効な開口部とは

無窓階に該当しないための「有効な開口部」には大きさ、位置、開放又は破壊できる構造、といった制限があります。窓や扉がいくらたくさんあっても、避難や消火活動に使えなければ意味がありません。そのため、開口部には次の要件が定められています。

(1) **大きさ**
① 有効開口部の大きさは縦横50cm以上であること。
② 大型開口部の大きさは、縦横1m以上のもの又は横幅75cm以上、高さ1.2m以上のものであること。

これは避難や消火活動をするときに必要な最低限の大きさを定めたものです。10階以下の階で必要になる大型開口部の大きさは、▼マークのある非常用進入口と同じです（**図1**）。

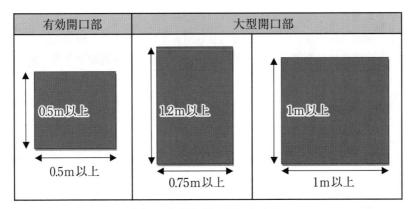

図1　有効な開口部の大きさ

(2) **位置**
① 床面から開口部の下端までが1.2m以内であること。
　床面から開口部まで高さがある場合に、またいで避難又は進入できなければいけません。天窓のような高い位置にある窓からは避難できないので、有効とはいえません（**図2**）。
② 道路、空地又は幅1m以上の敷地内通路に面していること。
　消火活動を行うための開口部の前には、ある程度の広さの消火活動スペースが必要です。これは消火活動上だけのものなので、開口部の外側からの消火活動を想定していない11階以上の階には不要です（**図2**）。

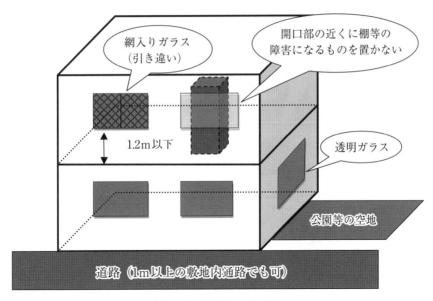

図2　有効な開口部の例

(3) **開放又は破壊できる構造**
① 防火対象物内部から誰でも避難できるものであること。
② 消防隊員が外から開放又は破壊して進入できること。
③ 開口のため常時良好な状態に維持されていること。

　外から開けられない窓や消防隊員の通常の装備・資器材で壊せない窓は、消火活動ができないので無効です。

　厚さ6.8mm程度の網入りガラスを例にします。はめ殺しの窓の場合は開けることができないので、避難できません。また、消防隊員の進入には窓全部の破壊が必要なため、迅速な消火活動ができません。これらのことから有効とはいえません（ただし、容易に窓を外すことができる場合はこの限りではありません。）。

　一方、引き違い窓の場合は消防隊員がガラスの一部を破壊して内部の鍵を解錠すれば片側だけを開けられるので、半分の面積を有効な開口部として取り扱えます（**図3**）。

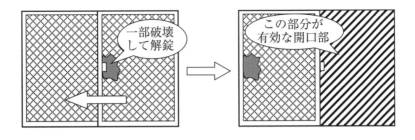

図3　引き違い窓（網入りガラス）の有効な開口部

　さらに、窓にルーバーや窓をふさぐ看板を設置したり、店舗の窓際に商品棚を置いたりした場合は、避難できないので無効になります（ただし、内部から容易に避難でき、外部からは容易に開放又は破壊できる場合はこの限りではありません。）。窓自体は開放できるものであっても、実際に避

難できることが求められます（**図4**）。

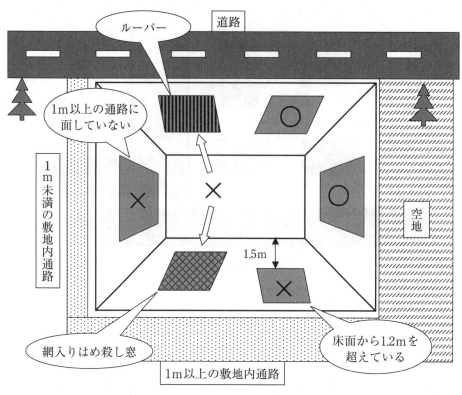

図4 無効な開口部の例

3 水圧開放装置

有効な開口部として窓や扉について触れてきましたが、シャッターでも認められるものがあります。それは、水圧開放装置が設置されたシャッターです（昭和52年12月19日消防予第251号）。

水圧開放装置とは、ポンプ車から伸ばしてきたホースで、シャッターの脇に設置された注水口に放水することでシャッターが開くというものです。注水口には専用の標識が設置されているので、この標識がある場合は消火活動のために破壊することなく、速やかにシャッターを開けることができます（**図5**）。

放水の方法としては、連結送水管のようにホースを注水口に結合して放水するものと、消防隊員が直接ストレートノズルで注水口に放水するものがあります。いずれの場合も、適切な圧力で放水した際に30秒以内に作動することが必要です。

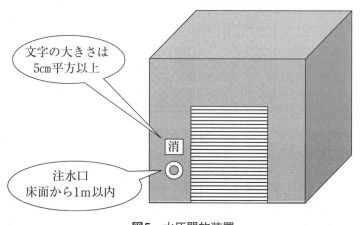

図5 水圧開放装置

開放の方式は以下の3種類があります。
① 放水により施錠が解錠され、シャッター自体は手動で開放するもの
② 放水によりシャッター自体が開放するもの
③ 放水によりシャッターの押しボタンスイッチを作動させ、非常電源で自動的に開放するもの

なお、水圧開放装置は一般財団法人日本消防設備安全センターが性能評定を行っています。この評定を受けたものは、必要な性能を満たしているものとして認められています（図6）。

図6　評定証票

なお、ストレートノズルで注水口に放水するものでは、使用しているノズルに応じ、効果的に注水できるように配慮することが必要です。

4　強化される消防用設備等

無窓階と判定された場合に強化される消防用設備等とは、具体的にどんなものがあるでしょうか。

無窓階とは、避難と消火活動が困難な階ですので、その両面を補完するものが求められます。

例えば百貨店等の(4)項の防火対象物の場合、避難の面から強化されるのは、消火器、屋内消火栓設備、非常警報設備、誘導灯等です。

屋内消火栓設備は、(4)項では延べ面積700㎡以上に加えて、無窓階の場合は床面積150㎡でも必要とされます。

また、誘導灯は普通階の場合、避難口までの見通しと距離によって免除できますが、無窓階になると免除できなくなることを忘れてはいけません。

消火活動の面で強化されるのが、排煙設備です。建築基準法の排煙設備が避難する人のためのものであるのに対して、消防法の排煙設備は消防隊が消火活動に使用するために設置されているものです。(4)項の場合、1,000㎡以上ある階が無窓階になると、消防法の排煙設備が必要になります。無窓階は消火活動が困難なので、排煙設備を使うことで、より効果的な消火活動ができます（表2）。

表2　設置基準の比較

	普通階	無窓階
消火器	150㎡以上	50㎡以上
屋内消火栓設備	700㎡以上	150㎡以上
スプリンクラー設備	3,000㎡以上	1,000㎡以上
非常警報設備	収容人員50人以上	収容人員20人以上
誘導灯	避難口の見とおし・距離によって免除	免除不可（誘導標識での代替は可）
排煙設備	不要	1,000㎡以上

※消防法施行令別表第1(4)項の場合

このように、無窓階に該当すると消防用設備等の設置が強化されることがあります。新築時に普通階だった階が、用途変更やテナントの入れ替え、使い勝手の変更などにより、無窓階に変わってしまうことも少なくないので、立入検査等の際には、注意深く確認する必要があります。

テーマ8　防炎物品と防炎製品

　消防法の中には「防炎」という用語があります。防炎制度は過去の火災事例を教訓に、「もえぐさ」となる繊維製品等を燃えにくくすることによって、火災の発生・拡大を予防し、安全な環境をつくることを目的としています。
　一般的に、防炎性能をもったものは総称して「防炎品」といわれています。その中には消防法により使用が義務付けられる「防炎物品」と、火災予防に有効であるとしてその使用が推奨されている「防炎製品」の2種類があります。「防炎物品」は、カーテン・じゅうたんなどを対象としており、「防炎」と書かれたラベルが、「防炎製品」は、寝具類・衣類・布製家具などを対象としており、炎のマークをあしらったラベルがそれぞれ貼られています。

キーワード
- □ 防炎対象物品
- □ 防炎物品
- □ 防炎製品
- □ 防炎防火対象物
- □ 防炎表示

1　防炎制度

　日本の防炎制度は、昭和23年9月公布の東京都の火災予防条例第17条で、公衆集合所の装飾用材料の防炎処理について規定されたことが始まりとされています。その後、東京宝塚劇場火災（昭和33(1958)年2月1日）や水上温泉火災（昭和41(1966)年3月11日）等、幕類やじゅうたんなどの繊維製品等を延焼媒体とする大規模火災が相次いだことを受け、昭和43年6月10日法律第95号で消防法第8条の3が規定され、全国的な防炎規制が確立しました。

2　防炎とは

　「防炎」は、建築基準法で定義される「不燃」つまり「燃えない」性能とは異なり、「燃えにくい」という性能を示します。防炎性能を与えたものは、マッチやライターなどの小さな火種と接触しても、その部分が焦げる程度で容易に燃え上がらず、着火した場合も火炎の伝わりや、火災の広がりを抑制します。このことによって消火を容易にするとともに、避難の時間を確保することができます。
　ちなみに、「防炎」は、建築基準法施行令の「難燃」という言葉と同じ意味に捉えられることがあります。しかし、両者は、性能を評価する試験の方法や対象が異なり、完全に同じではありません。防炎性能の試験は、製品としての完成品を対象としているのに対し、難燃性の試験は、主に製品になる以前の繊維素材等を対象としています。
　防炎性能を与えるには、完成品に防炎薬液を付着させる方法、原材料に燃えにくい材料を使用する方法などがあり、製造段階、品目や素材に応じて様々な方法が考案されています。
　防炎性能が与えられた完成品には、防炎物品（図1）と防炎製品（図2）の2種類があります。

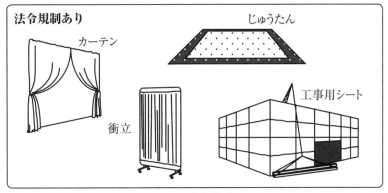

図1　防炎物品

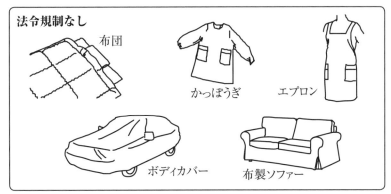

図2　防炎製品

3 防炎物品

防炎規制は消防法第8条の3を根拠として、より具体的な内容は消防法施行令及び消防法施行規則に示されています（**表、図3**）。

(1) 防炎防火対象物等

消防法による防炎規制の対象となる防火対象物は、次の三つのグループに分けられます。
① 消防法に定める高層建築物及び地下街
② 消防法施行令第4条の3第1項で定める用途の防火対象物（これを防炎防火対象物といいます。）
③ 消防法施行令第4条の3第1項に基づき消防法施行規則第4条の3第1項で定める工事中の建築物その他の工作物

①は、高層建築物や地下街における消火活動や避難が困難であることが考慮されたものです。このため共同住宅や事務所の用途でも、高層建築物に該当する場合は防炎物品の使用が義務付けられます。②の防炎防火対象物には、不特定かつ多数の人々が利用する用途や、病気・負傷・障がい・乳幼児・高齢のため容易に自力で避難ができない人々が利用する用途、可燃物を多量に用いる用途など、火災が発生すると大きな被害が予想されるものが指定されています。

なお、複合用途防火対象物では、防炎防火対象物の用途がある部分と、その階から避難階（地上への出入口のある階）までの階段、廊下などの共用部分が防炎規制の対象となります（**図4**）。

③の工事中の建築物その他の工作物は、工事用シートを多用し、これらの火災事例が多いことから規制対象となっています。

テーマ8　防炎物品と防炎製品

表　消防法による防炎規制の対象となる防火対象物

	根拠条文	防炎規制の対象となる防火対象物		
①	消防法 第8条の3第1項	高層建築物（高さ31mを超える建築物）		
		地下街		
②	消防法施行令 第4条の3第1項	消防法施行令別表第1に掲げる下記の対象物		
		防炎防火対象物	(1)項イ、ロ	劇場、映画館、公会堂　等
			(2)項イ、ロ、ハ、ニ	キャバレー、カフェー、遊技場、性風俗店舗、カラオケボックス　等
			(3)項イ、ロ	飲食店　等
			(4)項	百貨店、物品販売店舗　等
			(5)項イ	旅館、ホテル　等
			(6)項イ、ロ、ハ、ニ	病院、老人ホーム、社会福祉施設、保育園、幼稚園　等
			(9)項イ	公衆浴場　等
			(12)項ロ	テレビスタジオ　等
			(16の3)項	準地下街
	消防法施行令 第4条の3第2項	(16)項の防火対象物の部分で防炎防火対象物の用途のいずれかに供されるもの		
③	消防法施行規則 第4条の3第1項	工事中の建築物その他の工作物のうち、次のもの		
		①	建築物（都市計画区域外のもっぱら住居の用に供するもの及びこれに附属するものを除く。）	
		②	プラットホームの上屋	
		③	貯蔵槽	
		④	化学工業製品製造装置	
		⑤	③、④に掲げるものに類する工作物	

消防法第8条の3第1項
高層建築物若しくは地下街又は劇場、キャバレー、旅館、病院その他の政令で定める防火対象物において使用する**防炎対象物品**（<u>どん帳、カーテン、展示用合板その他これらに類する物品で政令で定めるものをいう。以下この条において同じ。</u>）は、政令で定める基準以上の防炎性能を有するものでなければならない。

政令で定める防炎対象物品（消防法施行令第4条の3第3項）
・カーテン　・布製のブラインド　・暗幕
・じゅうたん等[*1]（<u>じゅうたん、毛せん、**その他の床敷物で総務省令で定めるもの**</u>）
・展示用の合板
・どん帳　・舞台において使用する幕
・舞台において使用する大道具用の合板　・工事用シート

総務省令で定める床敷物（消防法施行規則第4条の3第2項）
・じゅうたん（織りカーペット（<u>だん通を除く。</u>）をいう。）
・毛せん（フェルトカーペットをいう。）
・タフテッドカーペット、ニッテッドカーペット、フックドラッグ、接着カーペット及びニードルパンチカーペット
・ござ　・人工芝　・合成樹脂製床シート[*2]
・床敷物のうち毛皮製床敷物、毛製だん通及びこれらに類するもの以外のもの

[*1]　おおむね2㎡以下の床敷物の類はじゅうたん等に該当しません。
[*2]　床にのり付けされた床そのものとなるものは除かれます。
（昭和53年12月4日消防予第225号）

図3　防炎対象物品に係る法令規制の構成

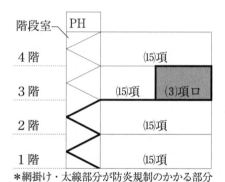

*網掛け・太線部分が防炎規制のかかる部分

図4　(16)項における防炎規制対象部分

(2) 防炎対象物品、防炎物品

消防法による防炎規制の対象となる品目を「防炎対象物品」と呼びます。防炎対象物品は、消防法第8条の3第1項から消防法施行令、消防法施行規則まで読み進めると、具体的な品目が列記されています（図3）。カーテン、布製のブラインド、暗幕、じゅうたん等、展示用の合板、どん帳その他舞台において使用する幕及び合板、工事用シートが該当します。これらが対象とされたのは、カーテンやどん帳のように垂れ下がっているものや、展示用合板のように立ち上がっているものは、火が付くと一気に天井まで燃え広がりやすく、じゅうたん等は、たばこなどで火が付くと室内のほかの可燃物に燃え移りやすいからです。

ござは対象ですが、床材そのものとして扱われている畳、だん通（手織りの一点物のようなものを想像してください。）、天井に広げた装飾用の幕は対象外です。そのほかにも一見同じような繊維素材のものでも、使い方によっては規制対象にならないものがあるので注意が必要です。

これらの防炎対象物品又はその材料のうち、燃焼試験により、基準以上の防炎性能があると認められたものを「防炎物品」と呼びます。具体的な基準は、消防法施行令第4条の3及び消防法施行規則第4条の3に規定されています。防炎対象物品の種類や性状に応じて試験方法は多少異なりますが、試験体にバーナーの炎で火を付けた後の残炎時間（炎を上げて燃えている時間）、残じん時間（残炎時間＋炎を上げずに燃えている時間）、炭化面積、炭化長、接炎回数（燃え尽きる・溶けきるまでに炎を付けた回数）などの値で防炎性能の有無を判断しています。

(3) 防炎表示

防炎物品は、外観や触感だけでそれを判別することや、持ち帰って燃焼試験を行うことは困難です。そこで、防炎物品には防炎性能を示す表示を付けることができるとされ、その表示を防炎表示といいます（図5）。防炎表示は「防炎ラベル」と呼ばれ、防炎表示をしたものでなければ、防炎物品として販売又は販売のために陳列してはならないと定められています。防炎ラベルを付けることができるのは、消防庁長官に防炎表示者として登録された者に限定されています。防炎ラベルにより消費者が防炎物品を誤りなく使用することができるほか、ラベルを確認することで防炎物品の使用状況を適正に判断できるので、消防職員の立入検査等の効率化にも役立っています。

なお、カーテン等及びその材料は、洗濯により防炎性能がなくなるものもあり、耐洗濯性能によって異なる防炎ラベルが付けられています（図5）。

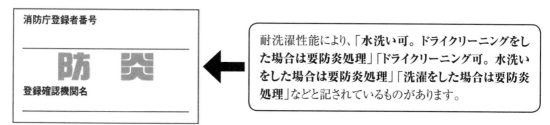

図5　防炎表示の例

4 防炎製品

(1) 防炎製品

防炎製品とは、(公財)日本防炎協会が自主的に認定制度を設け、消防法に規定する防炎対象物品以外の寝具類、衣類など身の回りの繊維製品等についても、一定基準以上の防炎性能があるものと

して認定したものです。防炎製品の認定は、身の回りの防炎化による火災予防の徹底を図るために、「寝具類等の防炎表示物品の使用について」(昭和49年6月25日消防安第65号)により始まりました。

　防炎製品は、法令で使用が義務付けられていません。しかし、高齢者の死者が多い住宅火災の多くは、たばこやストーブの火が布団に、調理中のコンロの火が衣類に、燃え移ることにより発生しています。また、燃え広がることにより逃げ遅れて、多くの方が亡くなっています。こうした住宅火災に対し、効果が期待できることから、防炎製品の普及促進が図られています。

(2) **防炎製品の種類と認定基準**

　認定された防炎製品は順次増えており、令和6年12月現在、26種類あります。東日本大震災において、避難所のプライバシー確保のために用いられた災害用間仕切りには、防炎製品が使用されたという事例もありました。

　認定基準は以下のとおりで、身の回りで使用されるものとして、防炎性能に加えて、防炎物品では求められなかった毒性審査等も評価対象としています。

① 燃焼試験を行い、基準以上の防炎性能を備えていること。
② 毒性審査により、防炎製品に用いられる薬剤が人体の健康に影響しないものであることを確認すること。
③ 品質管理の基準等が適正であること。
④ その他安全の観点から必要な性能を有すること。

(3) **防炎製品ラベル**

　防炎製品には防炎製品ラベル(**図6**)を付けることとされています。防炎製品ラベルは防炎表示とは呼びませんので注意してください。消費者は、このラベルを確認することにより、その製品に防炎性能があることを知ることができます。

　(公財)日本防炎協会は、防炎製品ラベルを交付し、防炎製品が市販された後も、市場商品試験を行い品質管理状況を調査しています。防炎製品ラベルの表示や品質管理が不適正である場合は、防炎製品ラベルの交付を停止するなどの措置により、品質を確保しています。

図6　防炎製品ラベルの例

テーマ9　屋内消火栓設備

　消防法では、防火対象物の用途、面積、階数などに応じて消防用設備等の設置が義務付けられており、技術上の基準は消防法施行令、消防法施行規則などに定められています。
　消防用設備等は、「消防の用に供する設備」、「消防用水」及び「消火活動上必要な設備」に分類されます。消防の用に供する設備は、消火設備、警報設備、避難設備に分けられ、屋内消火栓設備は、消火設備に分類されます。
　屋内消火栓設備は、消火器では消火できない段階の火災の消火を目的として防火対象物内に設置されます。1号消火栓と2号消火栓があり、1号消火栓は全ての設置義務がある防火対象物に設置できますが、2号消火栓は消火能力の関係から設置対象が限定されます。操作する人数は、二人で操作するもの（1号消火栓）と一人で操作できるもの（易操作性1号消火栓、2号消火栓、広範囲型2号消火栓）があります。

- 1号消火栓
- 易操作性1号消火栓
- 2号消火栓
- 広範囲型2号消火栓

1　設備の概要

　屋内消火栓設備は、消火器では消火不可能な段階の火災に対応します。本設備は、水源、加圧送水装置、屋内消火栓（開閉弁、ホース、ノズル等）、配管・弁類及び非常電源などから構成されます（**図1**）。作動の仕組みはポンプなどの加圧送水装置により、水源から消火水を防火対象物内の配管を経由して、消火栓箱に送り、ホース、ノズルを使って放水するものです。

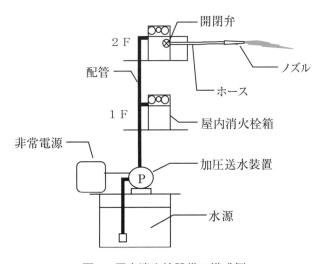

図1　屋内消火栓設備の構成例

2 種類

屋内消火栓設備には、大きく分けて二つの種類があります。それぞれ消防法施行令第11条第3項に根拠があり、第1号に規定されることから「1号消火栓」、同第2号に規定されることから「2号消火栓」と呼ばれています（**表1**）。

表1 消火栓の種類

種類	消火栓種別	操作人数	設置対象物
1号	1号消火栓	2人	全ての設置義務防火対象物
	易操作性1号消火栓	1人	
2号	2号消火栓	1人	工場、倉庫、指定可燃物を750倍以上取り扱う場所には設置できない
	広範囲型2号消火栓	1人	

1号消火栓は放水量が多いため、屋内消火栓設備の設置義務がある全ての防火対象物に設置できます。しかし、2号消火栓は放水量が少ないため、可燃物が集積されている工場や倉庫、指定可燃物（750倍以上）を取り扱い、又は貯蔵する防火対象物には、設置することができません。

3 諸元・性能等

(1) 構造

ア 1号消火栓

1号、2号消火栓とも、扉の表面には「消火栓」と表示され、箱の上部には消火栓の位置が分かるように赤色の表示灯が設置されます。1号消火栓は、格納箱に管の内径を指す口径40㎜の消防用ホース、ノズル、開閉弁が収められています。ホースは30mの長さがあり、折りたたみ、つり下げられた状態で収納されています（**写真1**）。ポンプ起動用の押しボタンが設置されている場合は、一般的に自動火災報知設備の発信機と兼用します。

1号消火栓は、ホース延長後ポンプ起動が必要であるため、一人操作ができません。操作性を考慮し、一人操作を可能としたものが易操作性（いそうさせい）1号消火栓です（**写真2**）。これは、格納箱に口径30㎜の消防用保形ホース、ノズル、開閉弁が収められていて、扉の表面には一人で操作できることを示す表示マークが貼られています。保形ホースとは、「形を保つ」のとおり筒状のホースをいいます。

易操作性1号消火栓の特徴は、消火栓箱内に巻き取った状態でも放水できるように30mの保形ホースを用いています。ホースの先端には放水時に手元で棒状・噴霧放水の切換えや放水停止ができる開閉装置付きの噴霧ノズルが装着され、開閉弁、ノズル等にはポンプ起動用のスイッチが取り付けられています。このスイッチは開閉弁の開放等に連動し、ポンプが自動起動できるように設計されています。

イ 2号消火栓

2号消火栓は、昭和62（1987）年6月6日に発生した特別養護老人ホーム「松寿園」の火災を契機に規定されたものです。入居していた74名に対し、宿直員が2名しかいなかったため、初期消火に手間取り、被害が拡大したことなどが問題とされました。そのため、昭和62年10月2日政令第343号で消防法施行令が改正され、消火栓の操作性を考慮し、一人操作ができる2号消火栓が導入されました（**写真3**）。2号消火栓は易操作性1号消火栓と同じ構造ですが、ホースの

長さは20mで口径は25mmと細くなっています。ホースの収納は易操作性1号消火栓と同じ巻取り式の他に、回転ドラムに巻き取るホースリール式があります。他に天井設置型（**写真4**）があり、天井にある本体と降下装置に赤色の表示灯が設置されています。使用する際には直近にある降下装置を操作し、ノズルを降下させ、ホースを延長します。

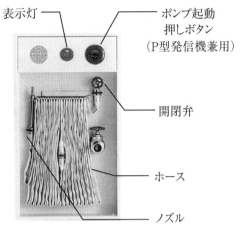

写真1　1号消火栓

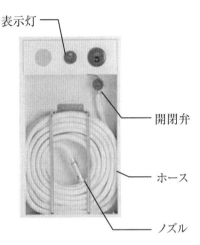

写真2　易操作性1号消火栓

（ホースリール式）

写真3　2号消火栓

写真4　2号消火栓（天井設置型）

　最後に、広範囲型2号消火栓は、平成25年3月27日政令第88号で消防法施行令が改正され、新たに高齢者などにも使いやすいようユニバーサルデザインの観点等から導入されました。これは2号消火栓の長所である使いやすさと1号消火栓の長所である水平距離の長さをメリットにした消火栓です。そのため、広範囲型2号消火栓は通常の2号消火栓と同じ構造ですが、ホースが30mと長くなっています。ホースの口径は25mmと細いため、取り回しがよく、同じ長さの易操作性1号消火栓と比較しても取扱いが容易といえます。

(2)　**放水能力**

　屋内消火栓は、放水するための水源として消火水がどれだけ確保されているか、また、放水圧力がどの程度あるのかなどが重要になってきます。法令ではそれぞれの消火栓についてノズル先端部分の放水圧力や放水量が定められています（**表2**）。

表2　放水性能と水源水量

	1号消火栓 易操作性1号消火栓	2号消火栓	広範囲型2号消火栓
ノズル圧	0.17MPa～0.7MPa	0.25MPa～0.7MPa	0.17MPa～0.7MPa
放水量	130L/min	60L/min	80L/min
水源水量	2.6㎥×設置数	1.2㎥×設置数	1.6㎥×設置数

※水源水量の算定に当たって屋内消火栓の設置個数が2を超えるときは、2とする。

(3) 水源水量

水源水量については、消火栓の種別によって量が異なりますが、各消火栓の放水量で20分放水できる量とされています（**表2**）。これは、初期消火に必要な放水時間を20分と規定しているためといわれています。

また、水源水量を求めるに当たり、消火栓の設置数が二つ以上ある場合は、二つ分の水量でよいこととなっています。この算出には、屋内消火栓設備が火災の初期の段階で使用するもので、二つ分を超える同時使用が考えられていないからとされています。

(4) 加圧送水装置

屋内消火栓の放水には、加圧送水装置が必要で、ポンプ方式など三つの方式があります（**表3**）。どの方式でもかまいませんが、加える圧力は、ホース先端の必要圧力やホース、配管などの摩擦損失、水源から消火栓箱までの高低差である落差などを考慮しなければなりません。

また、点検に便利で、かつ、火災による被害を受けるおそれの少ない場所に設置することとされています。これは、実際の災害時に本来の能力を発揮できなくなることを防ぐためです。

表3　加圧送水装置の方式

ポンプ方式	回転する羽根車により与えられた運動エネルギーを利用して送水のための圧力を得る方式
圧力水槽方式	消火水を圧力タンク内に納め、窒素等により常時圧力を加える方式
高架水槽方式	高架水槽の落差を利用して送水する圧力を得る方式

(5) 配管

本設備の配管は、原則として専用とすることとされています。ポンプから水を送るための主管の口径は、1号（易操作性を含む。）消火栓50mm以上、2号消火栓32mm以上、広範囲型2号消火栓40mm以上と定められています。また、消防設備としての信頼性を確保するために使用できる材質も法令で規定されています。

(6) 非常電源

屋内消火栓設備は停電などに備え、非常電源を設ける必要があります。自家発電設備などを設けて30分間以上有効に作動できることが求められます。

4　設置場所

屋内消火栓設備の消火栓は、階ごとに防火対象物の各部分を包含できるように、水平距離が25m（1号消火栓、易操作性1号消火栓、広範囲型2号消火栓）又は15m（2号消火栓）の間隔で設置するように定められています（**図2**）。階ごとに設置しているのは、屋内消火栓箱から伸ばしたホースを別の階ま

でさらに引き延ばして使用することは、適当でないとされているためです。しかし、メゾネット型の共同住宅で共用廊下がない場合には、玄関のある主たる階に消火栓箱を設置し、2階層を警戒できるようにすれば各階に設置しなくてよいものとして運用されています。また、水平距離は原則として平面図上で壁や障害物などを考慮しないものです。従来、法令ではホースの長さについて規定されていませんでした。しかしながら、平成25年3月27日政令第88号で消防法施行令が改正され、長さについて防火対象物のどの部分にも有効に放水できるよう規定化されました。例えば、水平距離が満たされている部分において、壁の反対側に注水できない場合には、注水できるよう消火栓の増設が必要となります。

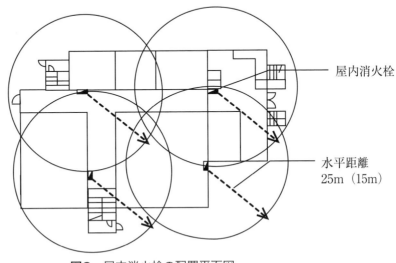

図2 屋内消火栓の配置平面図

　屋内消火栓設備は、消火能力も高く初期消火には非常に有効な設備といえます。しかし、火災時、屋内消火栓設備の使い方が分からなくて使用できなかった事例は少なくありません。そのため、自衛消防訓練等の機会を捉え、事業所の関係者に対して、使い方を確認し、操作できるよう指導することが大切です。

テーマ10　スプリンクラー設備

　スプリンクラー設備は、屋内消火栓設備、水噴霧消火設備、泡消火設備、不活性ガス消火設備、ハロゲン化物消火設備、粉末消火設備、屋外消火栓設備、動力消防ポンプ設備とともに消火設備に分類され、防火対象物で火災が発生した場合に、自動的に感知し、天井又は小屋裏等に設置したスプリンクラーヘッドから消火水が放水される設備です。

　なお、スプリンクラー設備には、スプリンクラーヘッドが設けられていない部分を有効に補完するため、補助散水栓の設置が定められています。

　また、その他のスプリンクラー設備として、一定の条件に適合した共同住宅に設置できる共同住宅用スプリンクラー設備や小規模な社会福祉施設用として、水道管に直接接続することができる特定施設水道連結型スプリンクラー設備などがあります。

キーワード
- □ スプリンクラーヘッド
- □ 補助散水栓
- □ 共同住宅用スプリンクラー設備
- □ 特定施設水道連結型スプリンクラー設備

1　設備の概要

　スプリンクラー設備は、水源、加圧送水装置、流水検知装置、制御弁、送水口、配管、スプリンクラーヘッド等で構成されています（図1）。

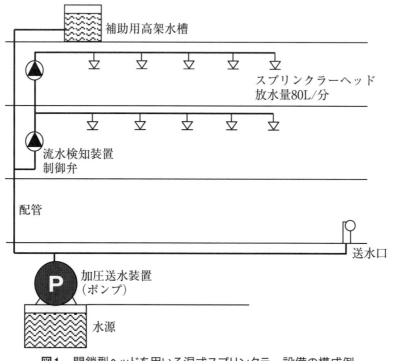

図1　閉鎖型ヘッドを用いる湿式スプリンクラー設備の構成例

テーマ10　スプリンクラー設備

　スプリンクラー設備は、火災により発生した熱を感知し、天井又は小屋裏等に設置したスプリンクラーヘッドから消火水が放水されるものであり、閉鎖型スプリンクラーヘッドを用いるもの、開放型スプリンクラーヘッドを用いるもの及び放水型スプリンクラーヘッドを用いるものがあります。

　なお、スプリンクラー設備には、スプリンクラーヘッドが設けられない部分を有効に補完するため、補助散水栓がホース接続口を中心に、半径15ｍの円で包含できるよう設置されています。

(1)　水源水量

　スプリンクラー設備の水源水量は、防火対象物の用途等に応じて、スプリンクラーヘッドの最大同時開放個数が法令上定められており、当該個数のスプリンクラーヘッドから20分間放水できる量の水源水量が必要となります。例えば、法令上定められている最大同時開放個数が12個（1個の放水量80Ｌ/分）の場合は、次の式で計算されます。

水源水量を求める計算例

$$\text{スプリンクラーヘッド（12個）} \times \text{放水量（80L/分）} \times 20\text{分} \div 1,000 = 19.2\text{m}^3$$

（乾式又は予作動式スプリンクラー設備の場合は、この計算値をさらに1.5倍します。）

(2)　加圧送水装置（ポンプ）

　水源から各階に設置されたスプリンクラーヘッドまで水を送り、適正な放水圧（0.1MPa～1MPa）で放出するための送水装置等をいいます。

(3)　流水検知装置

　スプリンクラーヘッドに至る配管の途中に設置されており、火災時において、スプリンクラーヘッドの開放に伴う配管内の水の流れを自動的に検知して、信号又は警報を発生させる装置をいいます。

(4)　制御弁

　スプリンクラーヘッドから放水後、必要以上の放水による水損を防止するために設置されている弁です。流水検知装置の一次側（加圧送水装置側）に設置され、制御弁を閉鎖することで送られてくる水を止めることができます。

(5)　送水口

　スプリンクラー設備の水源水量は、前記によって算出した量だけ確保していれば、法令上支障ありませんが、水源を使い果たしても消防隊の送水により、スプリンクラーヘッドからの放水を継続するために、送水口が設置されています。

(6)　スプリンクラーヘッド

　主に次のようなスプリンクラーヘッドがあります。
　① 閉鎖型ヘッド（一般的に②・③のヘッド設置以外で設置）
　② 開放型ヘッド（劇場等の舞台部等に設置）
　③ 放水型ヘッド等（高さ6ｍ又は10ｍ以上の高天井等に設置）

(7)　補助散水栓

　スプリンクラーヘッドを設けていない部分を警戒するために設置します。屋内消火栓設備のように、人の手により手動で放水します。

2　設置基準

消防法施行令第12条に、当該設備の設置対象が規定されています。

ただし、防火対象物の構造や区画の状況によってはスプリンクラー設備の設置を省略できる場合があります。

3 仕組み

スプリンクラー設備の作動原理は、次のとおりです（**図2**）。

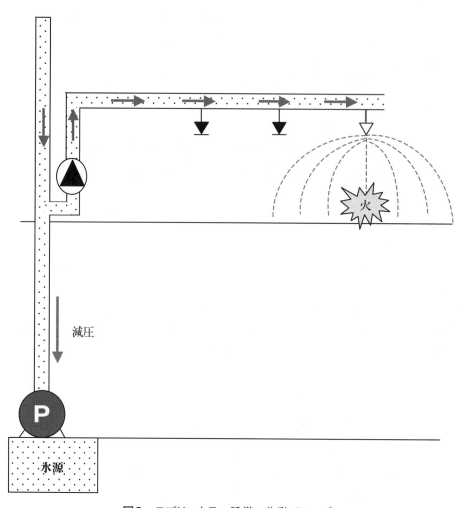

図2　スプリンクラー設備の作動イメージ

① 火災の熱により、スプリンクラーヘッドが開放する。
② 配管内の水がスプリンクラーヘッドから放水される。
③ 放水されることにより、配管内が減圧され、ポンプが起動する。
④ ポンプにより、水源から水を吸い上げ、スプリンクラーヘッドに水を送る。
⑤ スプリンクラーヘッドから、規定の圧力で放水される。

4 共同住宅用スプリンクラー設備

時代の進展とともに共同住宅の大規模化、高層化、多様化などが進んだことを踏まえ、平成7年10月5日消防予第220号により共同住宅用のスプリンクラー設備の特例基準が見直され、この基準を適用し

た共同住宅には、一定の要件を基に設置することができ、前述の閉鎖型スプリンクラー設備とおおむね同様の構成と作動原理となりました。その後、基準は「特定共同住宅等における必要とされる防火安全性能を有する消防の用に供する設備等に関する省令」として法令化されました。

通常のスプリンクラー設備と異なる点として、一住戸の火災時における火災の拡大を初期に抑制することを眼目としているので、水源水量や加圧送水装置等を小規模化し、放水量の少ないスプリンクラーヘッドを使用することができます。また、制御弁及び流水検知装置等は住戸ごとに設置するよう定められています（図3）。

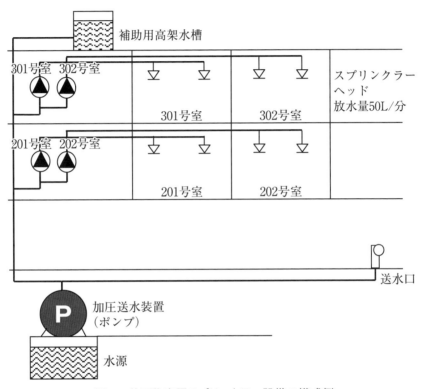

図3 共同住宅用スプリンクラー設備の構成例

5 特定施設水道連結型スプリンクラー設備

平成18（2006）年1月8日、大村市の認知症高齢者グループホームにおいて、死者7名、負傷者3名の火災が発生しました。この火災を契機に、平成19年6月13日政令第179号で消防法施行令が改正され、社会福祉施設等（(6)項ロ）で延べ面積275㎡以上のものに、スプリンクラー設備を設置するように義務付けられました。

また、設置者の費用負担軽減等の観点から、水道管に連結したスプリンクラー設備として、特定施設水道連結型スプリンクラー設備の設置が新たに認められました。

さらに、平成25年12月27日政令第368号で消防法施行令が一部改正され、社会福祉施設等（(6)項ロ）については、平成27年4月1日から、面積にかかわらずスプリンクラー設備を設置するよう義務付けられました。

この設備は、上水道の配管に接続して規定の放水圧力を確保するため、水道管の圧力のみで放水する直結型や、規定の圧力が確保できない場合に増圧ポンプ等を設けるものなどがあります（図4）。

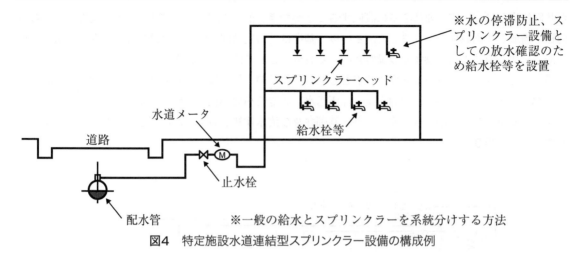

図4　特定施設水道連結型スプリンクラー設備の構成例

6 まとめ

　スプリンクラー設備は、火災時における初期消火及び延焼拡大防止に有効な消防用設備等です。近年、防火対象物の大規模複雑化が進んでいるとともに、一方では、小規模な社会福祉施設等で火災による甚大な被害が発生したことを契機に法令改正が行われ、スプリンクラー設備の設置が強化されています。
　これらの防火対象物の関係者は、スプリンクラー設備を適正に維持管理することが求められます。また消防隊は、スプリンクラー設備の仕組みをよく理解し、消防活動時の有効活用や水損防止のための停止方法などを把握しておくことがより重要です。

テーマ11　自動火災報知設備

　自動火災報知設備は、名前のとおり「自動」で「火災」を「報知」する「設備」であり、火災を早期に発見し、火災による被害を最小限にするための設備で「自火報」と略されています。
　感知器が熱、煙、炎の発生を自動的に感知するか、人が火災の発生を知って発信機のボタンを押すことで、受信機に火災発生を知らせる信号が送られます。受信機は、具体的な火災の発生場所を表示すると同時に、防火対象物内に設置された地区音響装置に信号を送ります。地区音響装置は、警報音や音声を発して火災の発生を知らせるもので、一斉鳴動方式と区分鳴動方式があります。

キーワード
- □　自動火災報知設備
- □　感知器
- □　発信機
- □　受信機
- □　音響装置

1　設備の概要

　自動火災報知設備は、警報設備に分類され、防火対象物内で火災が発生した場合に、熱や煙、炎などを感知し、音響や音声で自動的に防火対象物内に知らせる設備です。この設備は大きく分けて感知器、発信機、受信機、音響装置で構成されています（図1）。コンピューターのネットワークに例えれば、受信機は自動火災報知設備の心臓部でホストコンピューターに、感知器、発信機、地区音響装置は、それに接続されている端末機器に当たります。
　なお、自動火災報知設備は、「自火報」と省略され、技術上の基準が消防法施行令第21条に定められているため、通称「令21」とも呼ばれています。

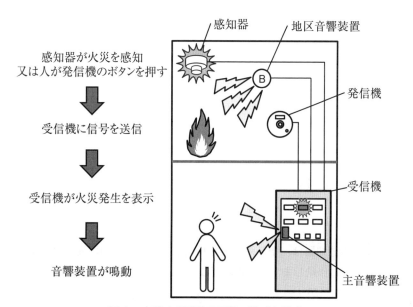

図1　自動火災報知設備の構成と動作

2　感知器

　感知器は、火災で発生した熱、煙又は炎を確実に見付けて、すぐに火災の発生を火災信号として受信機に伝達するものです。感知器は、火災現象を見付け出す方法に着目すると次の三つの種類に大きく分けられ、熱感知器と煙感知器が多くの場所に設置されています。

　　熱を感知するもの　➡　熱感知器
　　煙を感知するもの　➡　煙感知器
　　炎を感知するもの　➡　炎感知器

　感知器が火災を見付け出すことを『感知する』といい、熱感知器と煙感知器を比較した場合に、一般的に煙感知器の方が早期に火災を見付けることができます。

　感知器を設置する場合には、設置場所の環境によって適した感知器の種類が決まります。もし、感知器の種類の選択や設置方法が適正でないと、火災が発生していない場合でも感知器が作動したり、火災が発生した場合に感知が遅れたりします。

　また、テナントの入居や内装工事などでレイアウトが変更された場合に、感知器が設置されていない部分（未警戒）が生じる場合があります。工事を計画する段階で、感知器を増設する部分を確認しておくことが大切です。

(1)　熱感知器

　熱感知器は、火災により発生する熱を感知して受信機に信号を送るものです。熱を感知する方式の違いから、定温式と差動式の2種類に分かれます。

ア　定温式

　定温式スポット型感知器は、感知器周囲の温度が一定の温度以上になったときに作動します。膨張率の異なる2種類の金属板を貼り合わせたバイメタルという部品が、温度の上昇により変形することを利用したものです（図2、図3）。外観は、感知器の下側に熱を感知するための金属板があります。

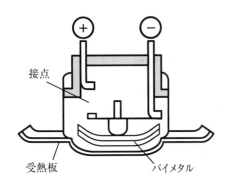

図2　定温式スポット型［作動前］

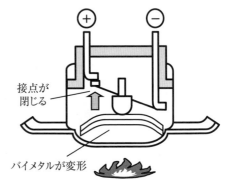

図3　定温式スポット型［作動後］

イ　差動式

　差動式スポット型感知器は、空気の膨張を利用したもので感知器周囲の温度の上昇率が一定の率以上になったときに作動します（図4、図5）。暖房器具などによるゆっくりとした温度上昇の場合には、膨張した空気がリーク孔から逃げるので、作動しないようになっています。外観は、他の感知器とは違い、感知器の下側が凹凸のない形状になっています。

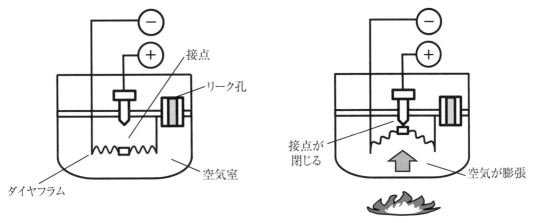

図4 差動式スポット型[作動前]　　　図5 差動式スポット型[作動後]

(2) 煙感知器

　煙感知器は、火災により発生する煙を感知して受信機に信号を送るものです。感知器周囲の煙濃度が一定以上になったときに作動します。煙感知器の種類には、光電式とイオン式がありますが、現在は感知器内部に煙が入ったときの光の変化を利用して作動する光電式スポット型が主に設置されています。

　その構造は図6のとおりで、煙感知器の内部は外からの光が入らない暗い箱の形状になっており、光を発生する光源と光を感知する受光部が設けられています。さらに遮光板があり、光源からの光が受光部には直接当たらないようになっています。煙感知器の内部に煙が入ると、煙の粒子で光源からの光が反射され、それが受光部に届くようになります。煙の濃度に比例して受光部に届く光の量が増加し、一定の量以上になると、受信機に電気信号が送られます。外観は、感知器内に煙が流入するためのスリットがあります。

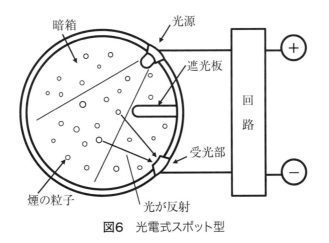

図6 光電式スポット型

(3) 炎感知器

　炎感知器は、火災により発生する炎を感知して受信機に信号を送るものです。赤外線式と紫外線式の2種類あり、火災の炎から放射される赤外線又は紫外線を検出し、その量が一定以上になったときに作動します。

3 発信機

　感知器が火災の発生を自動的に感知し、受信機に火災信号を送るのに対して、発信機は火災を発見した人が手動で火災信号を受信機へ送るものです。発信機は手動式の起動装置なので、**図7**の中央にある押しボタンを押すことで火災信号を受信機に送信します。

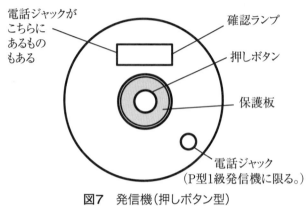

図7　発信機（押しボタン型）

4 受信機

　受信機は、感知器や発信機から送られてきた信号を受信し、火災であることを判断して火災が発生した場所を表示するとともに、音響装置を鳴動させ火災の発生を防火対象物内に知らせるものです。このため、受信機は火災を早く知らせることができるように、防災センターや管理室等の常時人がいる場所に設けなければなりません。

　火災により感知器が作動した場合には、火災の発生を知らせる火災灯と、火災の発生場所を知らせる地区表示灯が点灯します（**図8**）。なお、受信機には停電になっても10分間以上作動することができるように、予備電源として蓄電池が内蔵されています。

　受信機は、構造や機能の違いからP型とR型に分かれており、主にP型受信機は小規模から中規模に、R型受信機は大規模の防火対象物に設置されています。

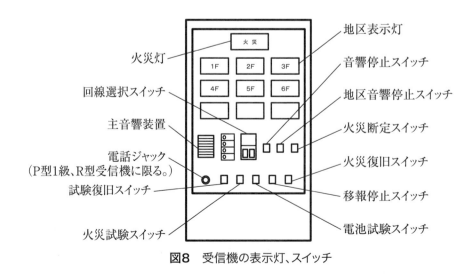

図8　受信機の表示灯、スイッチ

(1) **P型受信機**

P型受信機は、火災が発生した区域を他の区域と区別できるように、防火対象物を警戒区域と呼ばれる幾つかの区域に分けて監視しています。

受信機と感知器は、警戒区域ごとに配線で接続されており、受信機の性能によって接続できる配線の数が決まっています。警戒区域が多くなると、配線数と地区表示灯の数が増え、このため受信機は大きなものになります（図9）。

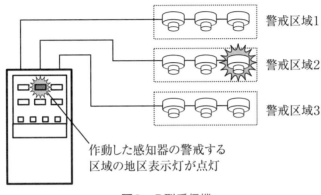

図9　P型受信機

感知器が作動すると、感知器の設置されている警戒区域に対応した地区表示灯が点灯します。地区表示灯は、ある警戒区域内の感知器が作動したことを表示するもので、警戒区域内のどの感知器が作動したかまでは表示していません。

人が発信機を押すと、感知器と同様にその発信機が設置されている警戒区域に対応した地区表示灯が点灯します。

(2) **R型受信機**

R型受信機は、液晶パネルに文字等を表示するので、P型受信機よりも様々な情報を表示することができます。タッチパネルになっていてガイダンス機能が付いているものもあり、操作がしやすくなっています（図10）。

なお、過去の作動状況を記憶し、履歴を表示することができます。受信機に内蔵されたプリンターで、受信機の作動時間ごとの情報が印字できるため、火災発生時の状況確認や日常の維持管理が容易になります。

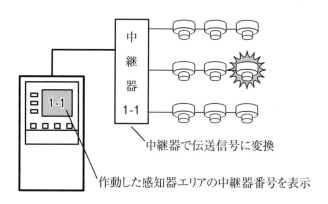

図10　R型受信機

5　音響装置　□□□

音響装置は、感知器の作動や発信機の起動で送られた火災信号を受けて、音響や音声により火災の発生を知らせるものです。音響装置は、受信機本体に組み込んで設置されており、火災の発生を受信機付近の人に知らせる「主音響装置」と、防火対象物の各階に設けて防火対象物全体に知らせる「地区音響装置」があります。

音響の種類は、ベルを鳴らすものとスピーカーから音声などを放送するものとがあります。地区音響装置を鳴動させる方式には、「一斉鳴動方式」と、「区分鳴動方式」とがあります。前者は、感知器の作動や発信機が起動したと同時に、すぐに防火対象物全体に知らせる方式です。後者は、火災が発生した階とその直上の階に知らせ、その後防火対象物全体に知らせる方式です。大規模な防火対象物では、一斉に鳴動すると混乱が生じたり、避難に使う階段が混雑して、避難を急ぐ必要のある階からの避難が遅れたりする可能性があるので、「区分鳴動方式」が採られています。

6　非火災報　□□□

自動火災報知設備が、火災以外の原因で作動して音響装置が鳴動することを「非火災報」といいます。感知器は、温度変化や調理の煙などを火災によるものかどうか判断できないので、作動してしまう場合があります。また、発信機のボタンは、いたずらにより押されてしまうこともあります。

非火災報が頻繁に起きると、自動火災報知設備への信頼がなくなってしまいますので、感知器は設置場所の環境に合わせたものを設置し、適正に維持管理することが必要です。

テーマ12　消防機関へ通報する火災報知設備

　消防機関へ通報する火災報知設備は、防火対象物の関係者が火災を発見し、専用ボタンを押すことにより、迅速に消防機関へ通報することができる設備です。消防機関から著しく離れた場所などでは、設置しないことができる条件があります。
　なお、ハンズフリー通話機能を有する特定火災通報装置と呼ばれるものや、自動火災報知設備の起動と連動し、自動的に通報するシステムがあります。

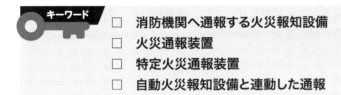

- ☐ 消防機関へ通報する火災報知設備
- ☐ 火災通報装置
- ☐ 特定火災通報装置
- ☐ 自動火災報知設備と連動した通報

1　設備の概要

　消防機関へ通報する火災報知設備は、自動火災報知設備、ガス漏れ火災警報設備、漏電火災警報器、非常警報設備とともに警報設備に分類されます。
　本設備は、火災通報装置とM型火災報知設備の2種類があります。
　火災通報装置は、火災が発生した場合に専用の押しボタンを操作することで、消防機関に119番通報するものです。通報は、あらかじめ録音された音声が再生され、受信した消防機関の呼び返しにより、通話ができます。
　M型火災報知設備は、M型発信機とM型受信機で構成されており、公設M型発信機又は防火対象物に設置されたM型発信機の操作により、消防機関に設置されたM型受信機に信号を送り、火災の発生を知らせるものです。M型のMとは、"Municipal"の略で"地方自治体の、市（町）の"という意味で、1970年代頃までは、街頭に公設のM型発信機が設置されていました。その後、電話の普及に伴う利用率の減少から廃止されていったとのことです。現在、本設備は製造していません。そのため、実質的には火災通報装置のみの状況になっています。

（1）火災通報装置

　火災通報装置は、手動起動装置の親機、子機及び電話回線（NTTIP網）により構成されています。
　親機本体は手動起動装置のほか、機器内部に音声メッセージのデータが保管されたROMを内蔵し

写真1　火災通報装置（親機）

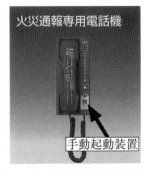

写真2　火災通報専用電話機（子機）

ています（**写真1**）。親機の付近には、消防機関と通話できる専用電話を設置します。子機は、専用電話と手動起動装置が一体となったものです（**写真2**）。

　病院を例にすると、管理室又は防災センター等に親機を、その他の各階のナースステーションに子機を設置することが一般的です。火災発見時、看護師が親機又は子機の手動起動装置を押すと、119番通報されるとともに、あらかじめ録音されたメッセージが流れます。メッセージを受信した消防機関は、折り返しの確認（逆信）をすることで、火災の状況や収容人員等の補足情報を把握したうえで、消防車両を出動させます。

　親機又は子機のどちらの手動起動装置を押しても、両方に同様の音声メッセージが流れます。また、消防機関からの逆信には、親機又は子機のどちらでも通話可能です。そのため、子機を設置したナースステーションにおいても通話のメッセージが流れるので、親機付近に人がいない場合でも、子機で逆信を受け、補足情報を伝えることができます。

　通話のメッセージ内容は、火災通報装置の基準（告示）に規定されています（**表1**）。

表1　メッセージ内容

	内　容	例
1	火災である旨	「ピ、ピ、ピ　ピ、ピ、ピ　火事です　火事です　〇〇市〇〇町〇丁目〇番〇号　グループホーム〇〇　〇〇〇〇〇〇（電話番号の情報）　わかりましたら信号を送ってください。」
2	防火対象物の所在地	
3	建物名	
4	電話番号の情報	
5	その他、これらに関する内容	

　機器の構成はシンプルですが、正常に作動させるためには、原則として電話回線がNTT IP網か、IP電話（インターネット等を利用する電話回線）等の場合は該当回線に対応した火災通報装置でなければ、正常に作動しません。

　最近は、竣工当初、NTTアナログ回線であったものが、利便性などからIP電話等に変更し、逆信ができなくなるなどの不具合事案が発生していることが問題となっています。

(2)　**設置基準**

　消防法施行令第23条に、当該設備の設置対象が規定されています（**表2**）。

表2　設置対象物

	用　　途　　例	延べ面積
1	病院((6)項イ(1)から(3))、避難困難入所施設((6)項ロ)、地下街、準地下街	全て
2	劇場、遊技場、物品販売店舗、ホテル、病院((6)項イ(4))、避難困難入所施設以外の社会福祉施設、工場、重要文化財	500㎡以上
3	飲食店、共同住宅、学校、神社、駐車場、倉庫、事務所	1,000㎡以上

　注意する点は、設置の省略ができる防火対象物が次のとおり規定されているところです。

① 　消防機関から歩行距離が500ｍ以内の防火対象物
　　火災を発見した際、消防署へ直接駆け込む等により通報できる場所が該当します。
② 　消防機関へ常時通報することができる電話を設置している防火対象物
　　常時通報することができる電話とは、一般加入電話をいい、内線電話、電源切れ及び音信不通

の可能性がある携帯電話は該当しません。
　なお、ホテル（(5)項イ）、病院（(6)項イ）、避難困難入所施設（(6)項ロ）、避難困難入所施設以外の社会福祉施設（(6)項ハ）等の防火対象物には、電話による代替規定は適用されません。

2　特定火災通報装置

　平成18（2006）年1月8日、長崎県の認知症高齢者グループホームにおいて、死者7名、負傷者3名の火災が発生しました。この火災を契機に、平成19年6月13日政令第179号で消防法施行令が改正され、養護老人ホーム等（(6)項ロ）では、面積にかかわらず設置するように義務付けられました。さらに、延べ面積500㎡未満のものに設置する火災通報装置として、特定火災通報装置の技術基準が定められました。
　この装置は、マイクとスピーカーが内蔵されており、電話機等による通話を必要としないハンズフリー通話機能が特徴です（**写真3**）。

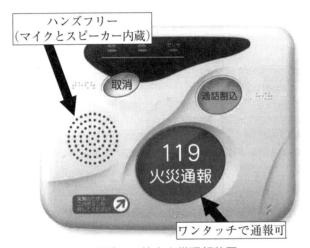

写真3　特定火災通報装置

　手動起動装置を操作することにより、119番通報するとともに、音声メッセージが流れ、自動的にハンズフリー通話に切り替わります。ハンズフリーで通話可能なため、火災通報装置用の電話機等は設置されていません。通常の火災通報装置と異なり、IP電話等にも接続可能であるため、回線種別の変更があっても継続して使用できます。

3 自動火災報知設備と連動した通報

　平成25（2013）年2月8日、長崎市認知症高齢者グループホーム火災（死者5名、負傷者7名）及び同年10月11日の福岡県有床診療所火災（死者10名、負傷者5名）を契機に、平成25年12月27日総務省令第126号と平成26年10月16日総務省令第80号で消防法施行規則が改正されました。平成27年4月1日から養護老人ホーム等（(6)項ロ）の防火対象物、平成28年4月1日から病院（(6)項イ(1)及び(2)）の防火対象物では、自動火災報知設備と火災通報装置の連動が義務化されました（消防法施行規則第25条第3項第5号）。連動とは、自動火災報知設備の感知器の作動信号を受けた受信機から火災通報装置に信号を送り、火災通報装置から音声情報により通報することです（図）。

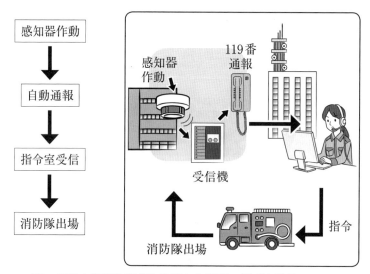

図　自動火災報知設備と連動した通報の構成と動作フロー

　火災時の通報遅れ等の課題に対し、火災通報装置は非常に有効です。そのため事業所の関係者に対し、自衛消防訓練等の機会などで、操作できるように指導し、本設備の実効性を高めることが大切です。

テーマ13　消火活動上必要な施設

「消火活動上必要な施設」は、消防隊が活用するための消防用設備等です。高層階や地階で火災時に発生する煙や熱により消火活動が困難となる防火対象物に設置されており、「排煙設備」「連結散水設備」「連結送水管」「非常コンセント設備」「無線通信補助設備」があります。消防隊は、火災により発生する煙の制御、ホース延長の省力化、電源や通信の確保などに有効に活用する必要があります。

キーワード
- ☐ 排煙設備
- ☐ 連結散水設備
- ☐ 連結送水管
- ☐ 非常コンセント設備
- ☐ 無線通信補助設備

1　排煙設備

(1) 概要

　排煙設備は、火災時の避難を目的とした建築基準法に基づくものと消火活動の円滑化を目的とした消防法に基づくものがあります。ここでは、消防法に基づく排煙設備について説明します。

　排煙設備は、火災により防火対象物内部に充満した煙を屋外に排出するための設備で、排煙口、排煙機、給気機、起動装置、風道などによって構成されています。

　排煙の方式は、屋外に接する排煙口から排煙する「自然排煙方式」(図1)、排煙機により煙を屋外へ引き出して排煙する「機械排煙方式」(図2)があります。また、特別避難階段の付室や非常用エレベーターの乗降ロビーなどの消防活動の拠点となる部分に設置され、給気機により加圧し、他の部分からの煙の流入を防止する「加圧防排煙方式」(図3)があります。

　排煙設備の起動方法は、手動起動装置(図4)によるものと自動起動装置(図5)によるものがあります。前者は、起動装置を手動で操作することにより排煙口や給気口を開放し、連動して排煙機や給気機が起動します。後者は、感知器の作動と連動して起動します。

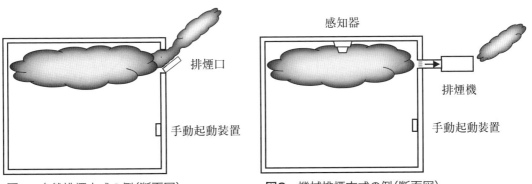

図1　自然排煙方式の例(断面図)　　図2　機械排煙方式の例(断面図)

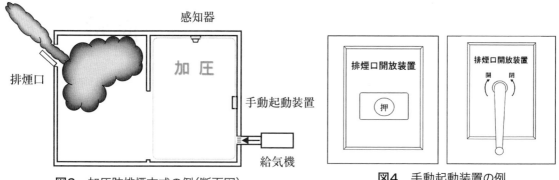

図3　加圧防排煙方式の例（断面図）　　図4　手動起動装置の例

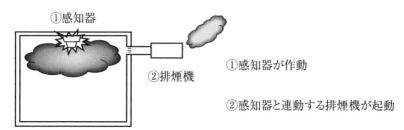

図5　自動起動装置の仕組み

(2) **設備の設置基準**

　排煙設備を設置しなければならない防火対象物は、消防法施行令第28条第1項に定められており、次の部分に設置する必要があります。
① 劇場等（(1)項）で、床面積が500㎡以上の舞台部分
② (2)項、(4)項、(10)項及び(13)項で、床面積が1,000㎡以上の地階又は無窓階
③ 地下街（(16の2)項）で、延べ面積が1,000㎡以上

(3) **排煙口の設置基準**

　排煙口は、次のように設置する必要があります（**図6、図7**）（消防法施行規則第30条）。
① 500㎡以下（地下街の場合は300㎡以下）の防煙区画に一以上
② 防煙区画の各区画から排煙口までの水平距離が30m以下

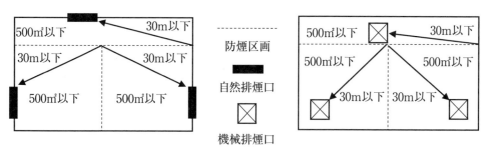

図6　直接外気に面する
　　　排煙口の設置例（平面図）

図7　排煙機により排出するための
　　　排煙口の設置例（平面図）

2 連結散水設備

(1) 概要

連結散水設備は、防火対象物の地階や地下街の火災において、地上のポンプ車から送水し、散水ヘッドにより消火する設備で、送水口、散水ヘッド、配管などによって構成されています（図8）。

ヘッドの種類は、散水する部分が開放された状態の「開放型ヘッド」と、熱を受けることにより開放される「閉鎖型ヘッド」があります。

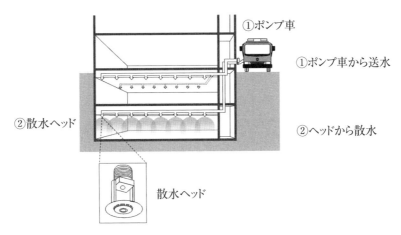

図8　連結散水設備の仕組み

(2) 設備の設置基準

連結散水設備を設置しなければならない防火対象物は、消防法施行令第28条の2第1項に定められており、次の部分に設置する必要があります。

① 防火対象物の用途ごとに地階の床面積を合計し700㎡以上のもの
② 延べ面積が700㎡以上の地下街（(16の2)項）

また、上記により設置が義務付けられている部分に、スプリンクラー設備や水噴霧消火設備等が設置されている場合は、連結散水設備を設けないことができます。

(3) 開放型ヘッドの送水区域図と仕切弁

送水方式は、送水口付近に掲示されている送水区域図を確認し、消火する区域に対応する送水口に送水する方式（図9）、消火する区域に対応する仕切弁を開放して送水する方式（図10）などがあります。

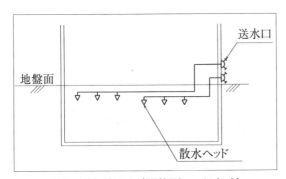

図9　仕切弁なし（開放型ヘッド方式）

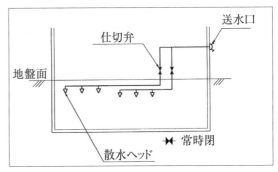

図10　仕切弁あり（開放型ヘッド方式）

3 連結送水管

(1) 概要

連結送水管は、高層の防火対象物、地下街、アーケードなど、消火活動が困難な部分に設置する設備で、送水口、放水口、配管などによって構成されています。

連結送水管は、ポンプ車から延長したホースを送水口に接続して送水することにより、消火活動の拠点の放水口にホースを接続し、消火活動をすることができるものです（**図11**）。

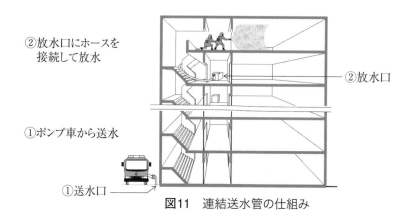

図11　連結送水管の仕組み

送水口及び放水口のホース接続部分の結合金具は、呼称65のねじ式又は差込式とします（消防法施行規則第31条）。送水口は、双口形でポンプ車が容易に接近できる場所に設けます（消防法施行令第29条第2項第3号）。

また、11階以上に設ける放水口は双口形で、放水口を格納する箱には消防隊が使用するホースとノズルを設けます。ただし、非常用エレベーターが設置され、消防長又は消防署長が認める防火対象物は、ホースやノズルなどの放水用器具が容易に搬送できることを理由に設置しないことができます。

連結送水管には、配管に水が充水されていない乾式（**図12**）と配管に水が充水されている湿式（**図13**）があります。湿式は、ポンプ車からの送水後、速やかに放水できるよう防火対象物の屋上に設置される補助用高架水槽から配管に常時、水を充水しています。

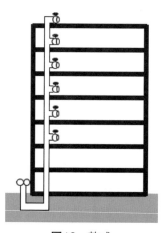

図12　乾式

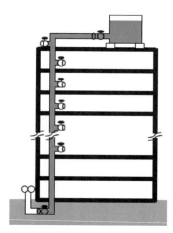

図13　湿式

(2) 設備の設置基準

連結送水管を設置しなければならない防火対象物は、消防法施行令第29条第1項に定められており、次の部分に設置する必要があります。

① 地階を除く階数が7以上のもの
② 地階を除く階数が5以上、かつ、延べ面積が6,000㎡以上のもの
③ 地下街（(16の2)項）で延べ面積1,000㎡以上
④ 延長50m以上のアーケード（(18)項）
⑤ 消防法施行令別表第1に掲げる防火対象物で道路の用に供される部分を有するもの

(3) 放水口の設置位置

連結送水管の放水口は、階段室、非常用エレベーターの乗降ロビーなどの消防隊が有効に消火活動できる位置に設けます。放水口は、3階以上の各階及び地下街では水平距離が50m以内、アーケード及び防火対象物で道路の用に供されるものでは水平距離が25m以内となるように設けなければなりません（消防法施行令第29条第2項）。

(4) 加圧送水装置

70mを超える高層の防火対象物に設置される連結送水管は、高層階部分に送水するため中間階にブースターポンプと呼ばれる加圧送水装置が設けられています（消防法施行規則第31条第6号）。この起動装置は、送水口付近や防災センターなどに設けられています。

4 非常コンセント設備

(1) 概要

非常コンセント設備は、消防隊が火災時に使用する可搬式照明器具などに電源を供給する設備で、表示灯、非常コンセント、配線などによって構成されています（**図14**）。

非常コンセント設備の保護箱には「非常コンセント」と表示されており、箱の内部には、単相交流100ボルト、15アンペア以上の電気を供給する接地形二極コンセントが設けられています。

また、配線は火災の影響を受けないように耐火保護などがされており、火災により通常電源が停電した際においても使用することができます。

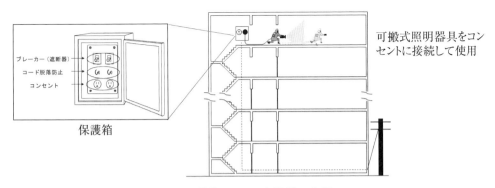

図14　非常コンセント設備の仕組み

(2) 設備の設置基準

非常コンセント設備を設置しなければならない防火対象物は、消防法施行令第29条の2第1項に定められており、次の部分に設置する必要があります。
① 11階建て以上の防火対象物の11階以上の部分
② 延べ面積が1,000㎡以上の地下街（(16の2)項）

(3) 非常コンセントの設置位置

非常コンセントは、階段室、非常用エレベーターの乗降ロビーなどの消防隊が有効に消火活動できる位置で、11階以上の各階や地下街の各部分から水平距離が50m以内となるように設けなければなりません（消防法施行令第29条の2第2項）。

5 無線通信補助設備

(1) 概要

無線通信補助設備は、無線の電波が伝わらない地下街において、円滑に無線交信するための設備で、地上に設けられた接続端子と地下に電波を伝えるための同軸ケーブルなどによって構成されています。

無線通信補助設備は、地上に設置された保護箱内の接続端子と無線機を接続することにより、地下などの漏洩同軸ケーブル等が施設された部分にいる消防隊員と無線交信をすることができるものです（図15）。

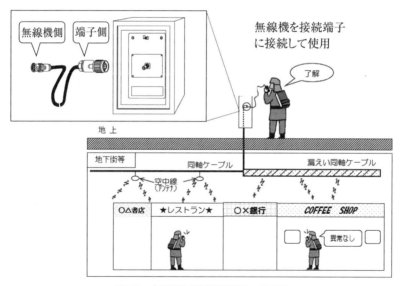

図15　無線通信補助設備の仕組み

設備の方式は、同軸ケーブルに接続する「空中線（アンテナ）による方式」、同軸ケーブルにスロット（切れ目を入れ電波が漏れるようにする。）を入れた「漏洩同軸ケーブルによる方式」、「空中線と漏洩同軸ケーブルを組み合わせた方式」があります。

(2) 設備の設置基準

無線通信補助設備を設置しなければならない防火対象物は、消防法施行令第29条の3第1項に定められており、延べ面積が1,000㎡以上の地下街に設置する必要があります。

6 まとめ　　　　　　　　　　　　　　　　　　　　　　　　　　　　　　□□□

　ここでは、設備の概要や消防法の設置基準などを説明しましたが、このほかにも、各地方自治体の火災予防条例により設置が義務となる場合や設備の技術基準が定められている場合があります。東京都の火災予防条例を例にみると、防火対象物の屋上を駐車場として使用する場合は、連結送水管を設置することが義務付けられています。「消火活動上必要な施設」は、消防隊が安全かつ効率的に活動できるよう防火対象物の関係者が備え、維持管理している設備であることから、消防隊は、これらを有効に活用できなければなりません。予防業務の担当者だけではなく、警防業務の担当者も知識を習得する必要があります。

テーマ14　階　段

階段は火災の際、避難のために使用する重要な施設であり、様々な法的規制があります。「直通階段」、「避難階段」、「特別避難階段」の3種類があり、順に防火上の安全性が高くなります。防火対象物が高くなるほど求められる階段の性能が上がり、階の床面積が大きくなるほど階段の数を増やす必要があります。多数の避難者が発生する防火対象物では、階段の性能・数の両方が強化されます。

また、消防法では階段の種類や数によって消防用設備等が免除されることや、逆に強化されることがあります。

キーワード
- ☐ 直通階段
- ☐ 避難階段
- ☐ 特別避難階段
- ☐ 特定一階段等防火対象物

1　役割

階段は、建築物内の移動手段として必要不可欠なものですが、火災時には避難施設としてさらに重要な役割を担っています。エレベーターやエスカレーターは、停電によって使用できなくなる可能性が高いので、避難の際には階段を使用しなければなりません。階段が延焼したり、煙で汚染されたりしてしまうと避難が非常に困難になるので、階段は火災の影響を受けないようにする必要があります。このため、階段の位置、構造等が建築基準法施行令で定められています。

2　必要数

建築基準法施行令（以下このテーマ中において「建基令」という。）では、平屋以外の建築物で避難階

表1　直通階段までの歩行距離制限

居室の種類	主要構造部[1]が準耐火構造[2]である場合(特定主要構造部[3]が耐火構造である場合を含む。)又は主要構造部が不燃材料で造られている場合				その他の場合
	内装不燃化したもの		内装不燃化しないもの		
	15階以上	14階以下	15階以上	14階以下	
無窓居室 百貨店、マーケット、展示場、キャバレー、カフェー、ナイトクラブ、バー、ダンスホール、遊技場その他これらに類するものの用途に供する居室	30m	40m	20m	30m	30m
病院、診療所、ホテル、旅館、下宿、共同住宅、寄宿舎その他これらに類するものの用途に供する居室	50m	60m	40m	50m	30m
上記以外の居室	50m	60m	40m	50m	40m

(建基令第120条)
[1]　主要構造部とは、建築物の構造上重要な壁、柱、床、はり、屋根、階段をいう。
[2]　準耐火構造とは、壁、柱、床その他の建築物の部分の構造のうち、通常の火災による延焼を抑

制するために当該建築物の部分に必要とされる性能に関して技術的基準に適合するものをいう。また、準耐火構造より防火性能が高い「耐火構造」もある。

※3　特定主要構造部とは、主要構造部のうち、防火上及び避難上支障がないものとして建基令第108条の3で定める部分※4以外の部分
※4　特定区画をした部分及び避難経路に配慮した部分

（地上への出入口のある階）以外の階に居室がある建築物には、直通階段の設置を義務付けています。直通階段には、どの居室からでも一定の歩行距離でたどりつけなければなりません（**表1**）。つまり、階の床面積が大きくなることに比例して必要な階段の数が増えることになります。例えば、大型のショッピングモールでは十数系統の階段が必要になることもあります。

さらに、劇場、キャバレー、6階以上の建築物等は面積に関係なく、物品販売店舗、病院、ホテル等の場合はその階の居室の床面積が一定以上の場合に、二以上の直通階段が必要になります（**表2**）。

表2　二以上の直通階段が必要な階

用途 \ 面積	居室の床面積の合計 主要構造部が準耐火構造である建築物又は主要構造部が不燃材料	その他
劇場、映画館、演芸場、観覧場、公会堂、集会場で客席、集会室その他これらに類するものを有するもの	全て	全て
キャバレー、カフェー、ナイトクラブ等の階で客席、客室その他これらに類するものを有するもの	全て	全て
6階以上の階で居室を有するもの	全て	全て
物品販売業を営む店舗（1,500㎡を超えるもの）の階で売場を有するもの	全て	全て
病院、診療所の階の病室 児童福祉施設等の居室	100㎡以上	50㎡以上
ホテル、旅館、下宿の宿泊室 共同住宅の居室 寄宿舎の寝室	200㎡以上	100㎡以上
5階以下の階	200㎡以上 （避難階の直上階は400㎡）	100㎡以上 （避難階の直上階は200㎡）

（建基令第121条）

火災によって一つの階段が使えなくなった場合でも、別の階段を使用することで避難できることが望ましいので、階段の配置が1か所に集中してしまうと意味がありません。そのため、それぞれの階段に至る避難経路の歩行距離が2分の1以上重複しないように配置しなければなりません（図1）。

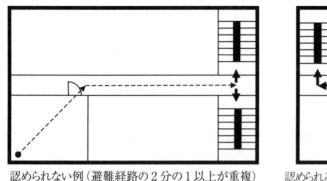 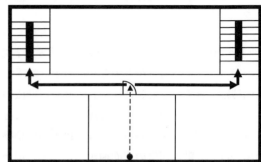

認められない例（避難経路の2分の1以上が重複）　　認められる例（避難経路が2分の1以上重複していない）

･･････▶　重複部分　　　────▶　単独部分

図1　重複距離

3　種類と構造

建基令で定められている階段には、大きく分けて次の三つの種類があります。(1)から(3)の順に避難する際の安全性が高くなります。

(1) 直通階段

建築物に設置される階段のほとんどが「直通階段」で、避難階又は地上に通じている階段のことをいいます。直通階段は、避難の際に使用するものなので、避難階又は地上に確実にたどり着けなければなりません。途中に迷ってしまう廊下があるものや、扉が設置されているものは直通階段として認められません（図2）。

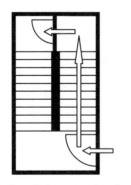 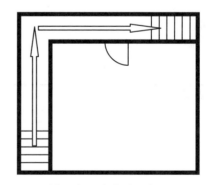

階段の途中に戸があるもの　　　　　長い廊下を介するもの

図2　直通階段とならない例

なお、屋外に設置する階段で周囲の2面以上が外気に有効に開放されているものは「屋外階段」と呼びます。屋外階段は、火災時の熱や煙が滞留することがないので、屋内階段より安全に避難することができるといえるでしょう。

階段の構造は、建築物に求められる構造（耐火構造、準耐火構造等）に応じたものとする必要があります。ただし、屋外階段は準耐火構造とし有効な防腐措置をしたものを除き、木造とすることはできません（建基令第121条の２）。

また、直通階段の基準を満たさないものは、一般的に「部分階段」と呼び、避難に使用することはできません（図３）。

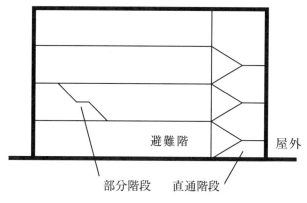

図３　直通階段と部分階段

(2) **避難階段**

５階以上の階又は地下２階以下の階に通ずる階段は、低層の建築物等に比べて火災時の避難が困難なため、通常の直通階段に防火上の構造を強化した「避難階段」とする必要があります（建基令第122条）。

避難階段には、屋内階段を強化した「屋内避難階段」と、屋外階段を強化した「屋外避難階段」の２種類があります。

ア　屋内避難階段の構造（建基令第123条第１項）（図４）

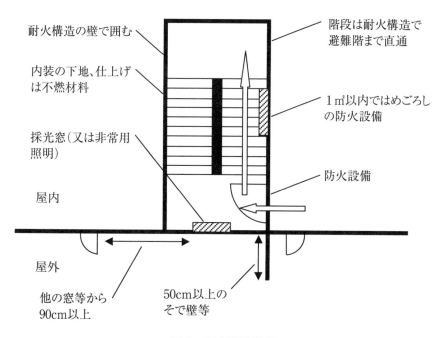

図４　屋内避難階段

① ④、⑤及び⑥の開口部を除き、耐火構造の壁で囲む。
② 階段室内の天井（又は屋根）及び壁は、仕上げ及び下地を不燃材料とする。
③ 窓その他採光上有効な開口部又は非常用照明を設ける。
④ 階段室の屋外に面する壁に設ける開口部は、階段室以外の開口部、階段室以外の建築物の壁及び屋根から90cm以上の距離に設ける。ただし、1㎡以内の防火設備ではめごろしのものは距離にかかわらず設けることができる。また、90cm以上離す代わりに50cm以上突き出したそで壁を設けることもできる。
⑤ 階段室内の壁に窓を設ける場合、1㎡以内の防火設備ではめごろし戸とする。
⑥ 階段に通ずる出入口には、防火設備で避難の方向に開くことができるものとする。
⑦ 階段は耐火構造とし、避難階まで直通とする。

イ 屋外避難階段の構造（建基令第123条第2項）（図5）

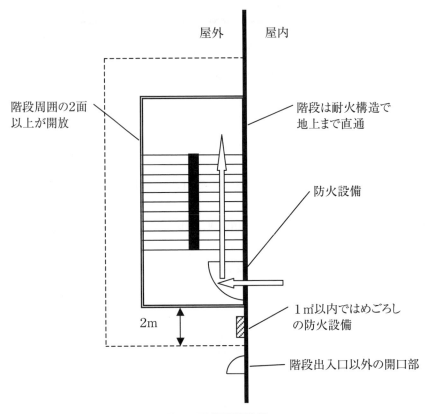

図5　屋外避難階段

① 階段の出入口以外の開口部は、階段から2m以上離すか、1㎡以内の防火設備ではめごろしのものとする。
② 階段室の出入口は、防火設備とする。
③ 階段は、耐火構造とし、地上まで直通とする。

　さらに、大規模な物品販売業を営む店舗のある建築物の場合は、避難階段の幅の合計を階の床面積に応じて広くする必要があります（建基令第124条）。これは、百貨店等多くの避難者が発生する場合、避難者が滞留することなく安全に避難するためです。

(3) 特別避難階段

「特別避難階段」は、避難階段の構造をさらに強化した階段をいい、階段の中で最も安全に避難できる階段です。15階以上の階又は地下3階以下の階に通ずる階段を特別避難階段とする必要があります（建基令第122条）。避難階段より強化されている点は、階段室の出入口に付室又はバルコニーを設けなければならないことです。階段室と廊下の間に付室やバルコニーを設けることで、階段室に火や煙がより入りにくい構造となっています。

なお、特別避難階段は全て屋内階段なので、屋外の特別避難階段というものは存在しません。

具体的な構造は、次のとおりです（建基令第123条第3項）（図6、図7）。

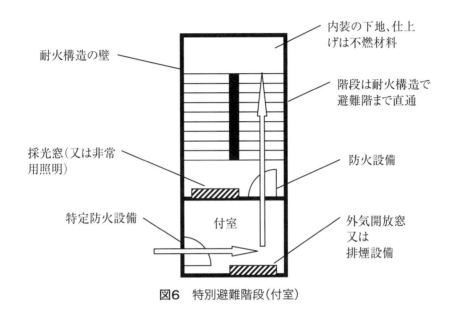

図6　特別避難階段（付室）

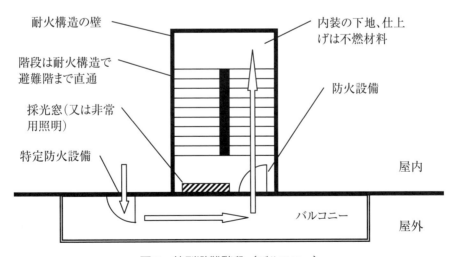

図7　特別避難階段（バルコニー）

① 屋内と階段室とは、バルコニー又は付室を通じて連絡する。
② 屋内と階段室とが付室を通じて連絡する場合は、付室に告示に適合する排煙窓又は排煙設備を設けるか階段室又は付室の構造を国土交通大臣の認定を受けたものとする。

③ 階段室、バルコニー及び付室は⑥、⑧及び⑩の開口部を除き、耐火構造の壁で囲む。
④ 階段室及び付室の天井及び壁の室内部分は、仕上げ及び下地を不燃材料とする。
⑤ 階段室には、付室に面する窓その他採光上有効な開口部又は非常用照明を設ける。
⑥ 階段室、バルコニー、付室の屋外に面する開口部は、階段室、バルコニー又は付室以外の部分に設けた開口部並びに階段室、バルコニー又は付室以外の部分の壁及び屋根（耐火構造の壁及び屋根を除く。）から90cm以上の距離にある部分で、延焼のおそれのある部分以外の部分に設ける。ただし、1m²以内の防火設備ではめごろしのものは距離にかかわらず設けることができる。また、90cm以上離す代わりに50cm以上突き出したそで壁を設けることもできる。
⑦ 階段室には、バルコニー又は付室に面する部分以外に屋内に面して開口部を設けない。
⑧ 階段室のバルコニー又は付室に面する部分に窓を設ける場合は、はめごろしとする。
⑨ バルコニー及び付室には、階段室以外の屋内に面する壁に出入口以外の開口部を設けない。
⑩ 屋内からバルコニー又は付室に通ずる出入口には特定防火設備を、バルコニー又は付室から階段室に通ずる出入口には防火設備を設ける。
⑪ 階段は耐火構造とし、避難階まで直通とする。
⑫ 付室又はバルコニーの床面積の合計は、階の各居室の床面積に100分の3を乗じたものの合計以上とする（劇場、百貨店等の場合は100分の8）。

4 階段と消防用設備等

(1) 避難器具

　　避難器具は、火災時に階段が火や煙で使えない場合の最終手段として設置されています。しかし、排煙上有効な外気開放部分がある屋内避難階段や、屋外避難階段、特別避難階段が設置されている場合は、避難器具を設置したものと同等以上に安全に避難できるので、それぞれの階段の設置数の分だけ避難器具の設置個数を減らすことができます（消防法施行規則第26条）。

　　また、安全に一時避難できるバルコニー等から避難できる階段がある場合は、避難器具の設置自体が免除される場合があります。

　　法令の基準を満たさない階段は、避難器具減免の要件として適用できないので、避難器具の設置義務を判定するためにも、それぞれの階段が基準を満たしているか厳しく審査する必要があります。

(2) 消火活動上必要な施設

　　通常の消火活動では階段を使用して上階に進入するため、階段の周囲には連結送水管、非常コンセント設備といった消火活動上必要な施設が設置されています。消火活動上必要な施設は、階段室内や階段近くの廊下に設置されていますが、特別避難階段が設置されている防火対象物の場合は、消防活動拠点である付室やバルコニーに設置されているので、より安全に消火活動ができます。

　　特別避難階段の付室は、排煙窓又は排煙設備が設置されているので、これらを有効に活用する必要があります。さらに、消防法上の排煙設備が設置されている階では、建築基準法上の排煙設備に加えて給気機が確保されているので、より安全な消防活動拠点を設定することができます。

(3) 特定一階段等防火対象物

　　屋内階段が1系統しかない防火対象物や、階段が2系統あっても間仕切り等により1系統しか使用できない防火対象物で、3階以上又は地階に特定用途があるもの（小規模特定用途複合防火対象物を除く。）を「特定一階段等防火対象物」といいます（図8）。特定一階段等防火対象物は、火災時に階段が使用できなくなる可能性が高いことから消防用設備等の規制が強化されました。これは、平成13（2001）年9月1日に発生した新宿区歌舞伎町雑居ビル火災で多数の死者が出たことによ

り制定されたものです。
　具体的には、自動火災報知設備の設置が延べ面積に関係なく必要となり、設置する避難器具はバルコニーに設置する、一動作で使用できるものとする等、安全に使用できるものとする必要があります。

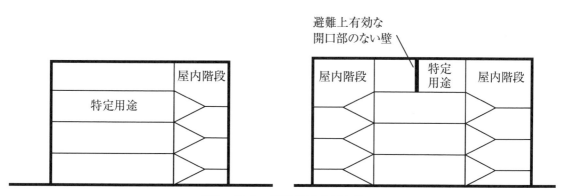

図8　特定一階段等防火対象物

　階段は避難上、消防活動上非常に重要な施設なので、消防同意や検査では防火上の構造を細かく審査しなければなりません。その上で、階段には物を置かないという適切な管理をする必要があります。さらに、階段の位置、構造を知ることで、より効果的な消防活動を行うことができます。

テーマ15　防火区画

　防火区画とは、炎や煙が広がるのを抑え、また、避難経路の確保のために耐火構造又は準耐火構造の壁、床又は防火設備によって、他の部分と防火上有効に区画することです。
　防火区画には、面積区画、高層区画、竪穴区画、異種用途区画の4種類があります。防火区画の壁に設ける開口部には、防火区画の種類ごとに設置しなければならない防火設備の基準があります。壁又は床を貫通する配管やダクトにも防火区画の性能を確保するための施工の基準があります。

キーワード
- □　面積区画
- □　高層区画
- □　竪穴区画
- □　異種用途区画
- □　区画貫通

1　防火区画の必要性

　建築物は木造の建築物や鉄筋コンクリート造等の耐火建築物などに分類されます。通常、木造建築物は階数や面積に制限があります。しかし、鉄筋コンクリート造等の耐火建築物は条件を満たせばいくらでも大きなものを建てることができます。
　もしも、大きな建築物で火災が発生した場合はどうなるでしょうか。火災が発生した部屋から隣の部屋や廊下に、さらには火災が発生した階から別の階へと炎が広がって、最後には全て燃えてしまうかもしれません。また、建築物の中の人が安全に避難するためには、炎だけでなく煙が広がることを防ぐことが求められます。そのため、建築物には、壁や床への燃え広がりを防ぐ構造が必要とされます。火災を一定の空間に封じ込め、燃え広がりを防ぐように壁や床を区画することを防火区画といいます（**図1**）。

防火区画がない場合
火災が発生した部屋の外へ炎や煙が広がる

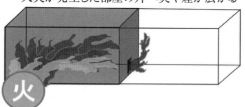

防火区画がある場合
火災が発生した部屋の外へ炎や煙が広がらない

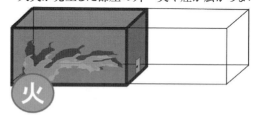

図1　防火区画の有無による炎や煙の広がりの違い

2　防火区画の種類等

　防火区画には、面積区画、高層区画、竪穴区画、異種用途区画の4種類があります。これらは消防法令で定められているのではなく、建築物に備わっているべき防火の要件として、建築基準法施行令第112条に定められています。

(1) 面積区画

大きな部屋で火災が起きたら、その大きな部屋は全部燃えてしまいます。そうならないために、一定の面積ごとに壁で区切ることで火災の拡大を防ぎます。これを面積区画といいます。

具体的には、耐火建築物の場合は床面積1,500㎡以内ごとに、一時間準耐火基準に適合する準耐火構造の床若しくは壁又は特定防火設備で、区画する必要があります。

ただし、ボーリング場や体育館など大空間が必要とされる用途では、面積区画が除外されるものもあります。

(2) 高層区画

例えば、共同住宅の11階以上のような高い階で火災が起きた場合、高い階に住んでいる人は、低い階に住んでいる人よりも階段を使って建築物の外へ逃げるのが困難になります。

消防隊にとっても、はしご車の届かない11階以上の階での火災は、低い階での火災に比べて消防活動が困難になります。

このように、高い階は低い階よりも危険性が高いことから、面積区画の1,500㎡に比べて100㎡という小さい面積ごとに区画する必要があります。これを高層区画といいます。

なお、高層区画では原則100㎡で区画する必要がありますが、部屋の壁紙や天井材等を燃えにくいものにすることで、区画する面積を大きくすることができます。

(3) 竪穴区画

火災が発生して高い階から建築物の外へ避難する場合には、階段を使用します。建築物のどこかで火災が発生して、炎や煙が階段に伝わったら、火災が起きた階よりも上の階の人は、階段で避難できなくなってしまいます。

大事な階段を炎や煙から守るためには壁等で区画する必要があり、これを竪穴区画といいます。

階段だけでなく、エレベーターや吹き抜けなど上の階までつながった空間では、火災が発生したときに煙突のように煙や熱が上階に広がるため、同じように竪穴区画が必要になります（**図2**）。

竪穴区画がない場合
火災が発生した部屋から階段へ炎や煙が広がる

竪穴区画がある場合
火災が発生した部屋から階段へ炎や煙が広がらない

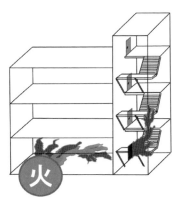
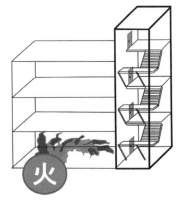

図2　竪穴区画の有無による炎や煙の広がりの違い

(4) 異種用途区画

建築物の部屋ごとに利用者や利用時間が違うなど、異なる使い勝手の場合、火災が発生したときの危険度は、部屋ごとに異なります。このために必要になるのが異種用途区画です。

異種用途区画とは、火災発生危険が高い用途と他の異なる用途との間を、炎の広がりを防ぐ壁や床で区画するものです。例として、駐車場と共同住宅との間、百貨店と映画館との間などの区画があります。

消防署でも、異種用途区画が適用され、消防車両を駐車する車庫部分と事務室などの部分を区画している例があります。

3 防火区画の構造

(1) 壁及び床

火災は建築物の中から燃え広がることもあれば、外壁の窓などから屋外に噴き出した炎が隣の部屋や、上の階に燃え広がることがあります（図3）。

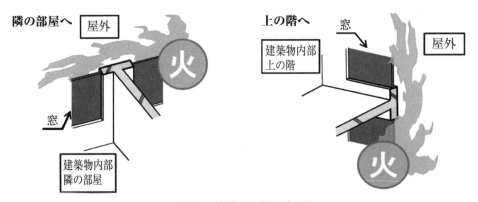

図3　外壁から燃え広がり

これを防ぐために、面積区画、高層区画、竪穴区画をつくっている部屋の外壁部分は90cm以上の準耐火構造とすることが求められています。この措置をスパンドレルといいます（図4）。

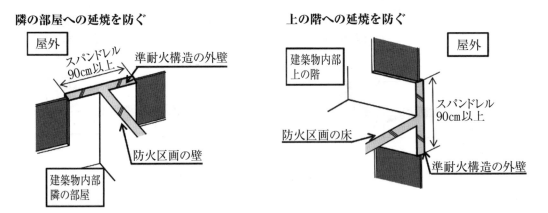

図4　スパンドレル

ただし、50cm以上の準耐火構造の袖壁やひさし等の出っ張りを設ける場合は、スパンドレルを設ける必要はありません（**図5**）。

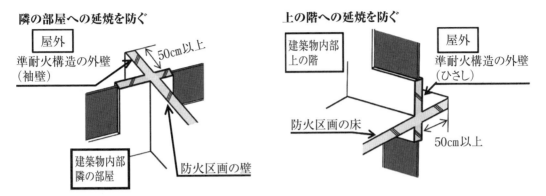

図5　袖壁・ひさし

(2) 壁に設ける窓やドア

部屋には、窓やドアが必要ですが、隣の部屋や下の階で発生した火災によって、窓やドアから炎や煙が広がっては、防火区画にはなりません。窓やドアについても炎や煙の広がりを抑えるものにすることが求められます。炎や煙を防ぐ性能を持った窓やドアを防火設備といいます。防火設備は火災発生時の性能で二つに分類されます（**表**）。

表　防火設備の種類

種類	火災発生時の性能
特定防火設備	1時間炎を遮ることができる性能
防火設備	20分間炎を遮ることができる性能

部屋の出入りのときに防火設備を開いたままの状態にすると、炎や煙が広がってしまいます。そのため、防火設備は開いたら自動的に閉まる構造にする必要があります（**図6**）。

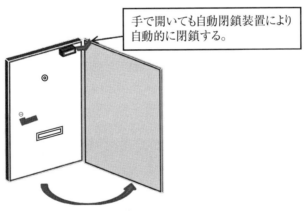

図6　常時閉鎖式の防火設備

また、常に開いた状態で使用したい通路などの部分に防火設備を設ける場合は、火災が発生したときの熱や煙により自動的に閉まる構造にする必要があります。自動火災報知設備の煙感知器により自動的に閉まるものが一般的です。防火設備が閉鎖した後にも出入りができるように、くぐり戸と呼ばれる扉を設けて避難に支障がないようにします（**図7**）。

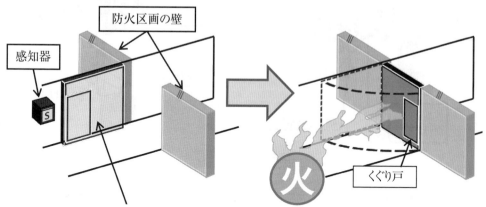

図7　随時閉鎖式の防火設備

(3) 防火区画の貫通部に必要な措置

　建築物内には水やガス等の配管や電気の配線などが、たくさん張り巡らされています。また、部屋には暖房や空調などの設備があり、これらはダクトと呼ばれる空気の通り道によって部屋に送り込まれます。台所などの排気は、ダクトを通って部屋から外に出されます。
　防火区画の壁を貫通する配管やダクトの周囲に隙間があると、他の部屋に炎や煙が広がっていく可能性があります（**図8**）。

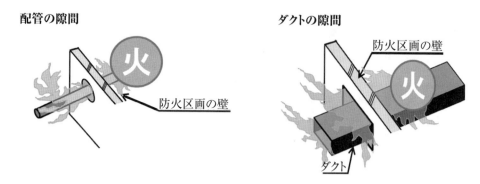

図8　配管やダクトの周囲に隙間が開いている場合

ア　配管や配線などの貫通

　貫通した配管と壁や床との隙間から炎や煙が広がらないように、モルタルと呼ばれる燃えにくい材料（不燃材料）で隙間を埋めなければなりません。さらに、壁を貫通する配管が燃えてしまって炎や煙が広がらないように、防火区画を貫通する両側1m以内の部分を不燃材料で施工する必要があります（**図9**）。

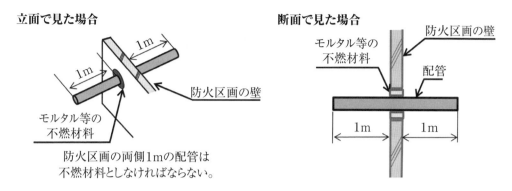

図9　配管が防火区画を通る場合の施工例

イ　ダクトの貫通

　煙や炎が、貫通したダクトとの隙間やダクトの中から他の部屋に広がらないよう、防火区画との隙間をモルタルで埋めるとともに、ダクトの中には、火災発生時に空気の通り道を遮断する防火ダンパーと呼ばれる装置を設置しなければなりません（**図10**）。つまり、防火ダンパーが区画の機能をします。

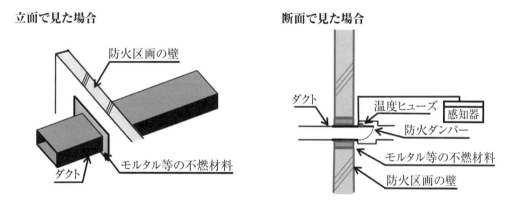

図10　ダクトが防火区画を通る場合の施工例

　防火ダンパーには、自動火災報知設備の感知器（熱感知器又は煙感知器）により自動的に閉まるものや、ある一定の温度で反応すると溶ける温度ヒューズと呼ばれるものを使用して閉まるものがあります。

　防火区画がきちんと施工されているかの確認は、使用されている材料や、区画を貫通する配管等の隙間の埋め戻し等の確認が必要なため、建築物の使用開始後では難しいものです。
　そのため、建築物が使用開始される前の中間検査において、消防同意時の指示事項と合わせて防火区画の施工状況を確認します。防火区画の不備は、火災が起こった際の被害の拡大や消防活動の困難性に重大な影響を及ぼします。防火区画の必要性を踏まえ、適正な施工となるよう指導することが大切です。

テーマ16　非常用進入口

「非常用進入口」は、火災の際に消防隊が建築物の中に進入することを目的とした窓や扉などの開口部のことで、消防隊が活動しやすいように配慮されています。

原則として建築物の3階以上、高さ31m以下の部分には「非常用進入口」を設けなければなりませんが、非常用エレベーターが設置されている建築物などには設置しなくてもよいことになっています。

また、「非常用進入口」の代わりに「代替進入口」を設けることも可能で、一般的には「代替進入口」をよく見かけます。

どちらも、法令上の根拠は消防法ではなく、建築基準法に定められています。

キーワード
- □ 非常用進入口
- □ 代替進入口

1 非常用進入口とは

消防隊員であれば、「非常用進入口」という言葉を聞いたことがあると思います。非常用進入口とは読んで字のごとく、火災という非常時に消防隊が進入するための窓や扉などの開口部のことです。非常用進入口が必要な建築物の部分、開口部の大きさや構造は、消防法ではなく建築基準法施行令で定められています（**表1**）。

表1　非常用進入口関係法令

法令	内容
建築基準法施行令第126条の6	非常用進入口の設置要件・設置しなくてよい場合
建築基準法施行令第126条の7	非常用進入口の構造に関すること
平成12年建設省告示第1438号	屋外からの進入を防止する必要がある特別の理由
昭和45年建設省告示第1831号	非常用進入口の機能を確保するために必要な構造

2 設置位置・構造等

(1) 設置位置

非常用進入口は、建築物の高さ31m以下の部分で、3階以上の階の外壁面に設置しなければなりません。これは、消防隊がはしご車を使って進入することを想定しているためです。現在のはしご車は、長いもので50m級もありますが、一般的に31mを超える階には、はしご車が届かないので設置する必要はありません。

また、はしご車は、道路や敷地内通路から伸ばして活動するため、非常用進入口は道路に面する外壁と、道路に通じる通路や空地に面する外壁に設置しなければなりません。ただし、はしご車が入って活動することが困難な幅4m未満の通路に面する外壁には、設置する必要はありません（**図1**）。

外壁には40m以下の間隔で、外壁の端から20m以下となるように設置します（**図2**）。

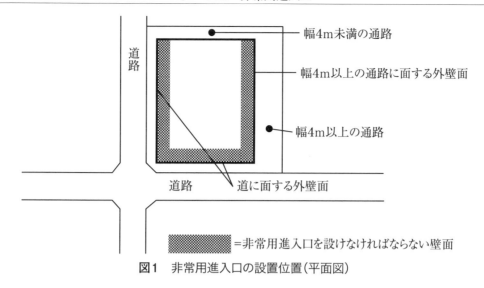

図1 非常用進入口の設置位置（平面図）

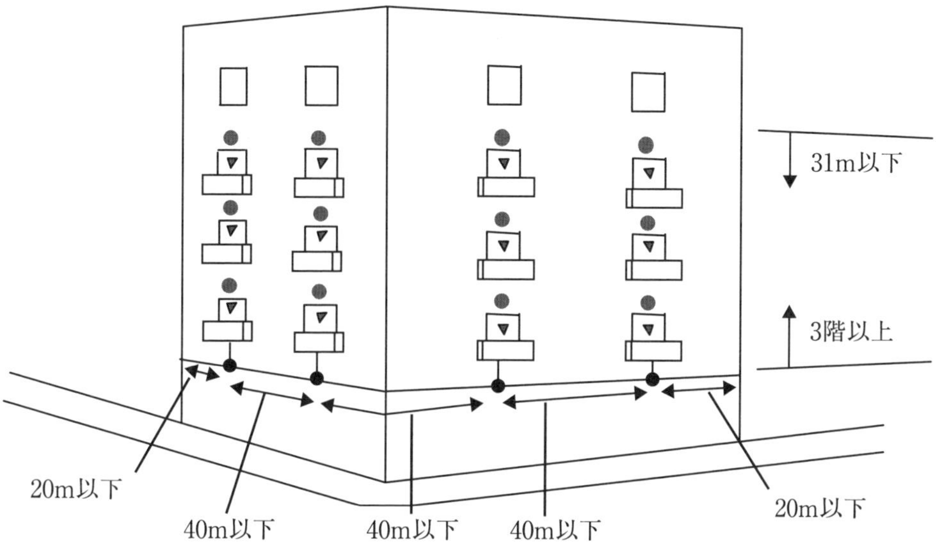

図2 非常用進入口の設置位置（立面図）

(2) **構造**

　非常用進入口の開口部の大きさは、幅75cm以上、高さ120cm以上が必要です（**図3**）。消防隊員が防火衣を着て、呼吸器を背負った状態で進入できる最低限の大きさを確保するためです。また、消防隊員は位置が高過ぎると、またいで中に入ることが困難なので、開口部の下端は床面から高さ80cm以下とされています。

　開口部には、消防隊の活動スペースを確保するため、奥行き1m以上、長さ4m以上のバルコニーの設置が必要になります。

　非常用進入口自体は、法令上、格子などで消防隊の進入を妨げない構造とするよう規定されていますが、ガラスの種類は何でもよいのでしょうか。実際、分厚い強化ガラスなどは消防隊が破壊できません。よってガラスの種類や厚みなどの条件で、消防隊が破壊器具などを使って進入できるのかを判断する必要があります。又は、ガラスを破壊しなくてもバルコニー側から開けられる窓又は扉にしておく必要があります。これらについては、建築物が建てられる前から建築業者と協議する

ことになります。

　非常用進入口は、外から見つけやすくするため、近くに赤いランプを設置します。さらに、非常用進入口であることを明示するために、非常用進入口に当たる窓又は扉には、一辺20cmの赤い逆三角形マークを直接貼ることが義務付けられています。

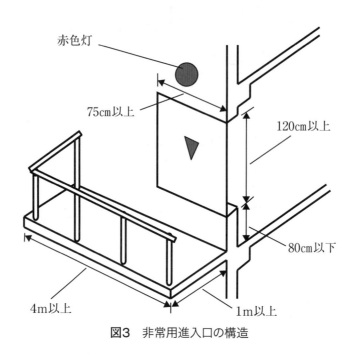

図3　非常用進入口の構造

3　非常用進入口を設けなくてもよい場合

　建築物の3階以上の部分であっても、次のような建築物の用途や条件によっては、非常用進入口を設置しなくてもよいことになっています。

(1) 非常用エレベーターが設置されている場合

　「非常用エレベーター」とは、火災時に消防隊が高層建築物の上階に行くために使う一定の防火上の安全が確保されたエレベーターのことです。これが設置されていることで、はしご車を使わなくても建築物の上階にアクセスできるので、設置を免除しています。

(2) 不燃性物品の保管倉庫など火災の発生のおそれの小さい用途で、その上階又は下階から進入できる場合

　火災の発生や延焼する可能性がとても低いことから、直ちに外から進入する必要がないので設置を免除しています。

(3) 屋外からの進入を防止する必要がある用途で、その上階又は下階から進入できる階

　屋外からの進入を防止する必要がある用途とは、例えば、放射性物質や有毒ガスを取り扱う建築物や、細菌や病原菌などを取り扱う建築物をいい、外に向かって開口部があると周囲に対して危険があるため、設置を免除しています。また、留置所や金庫室は外から開けられる窓や扉では、それぞれの用途の目的に適さないため、設置を免除しています。

(4) 非常用進入口の代わりとなる開口部を設ける場合

　非常用進入口の代わりとなる開口部は「代替進入口」と呼ばれています。代替進入口の設置につ

いても規定があります。

　代替とはいうものの、実際には非常用進入口よりも代替進入口が多く設置されています。なぜなら、共同住宅のバルコニーに赤色灯を設けることはデザイン性から求められませんし、オフィスビル等ではバルコニーを設ける必要がない場合もあります。このように建築物のデザイン性や、使い勝手を考慮して、代替進入口を設置している建築物が多いと考えられます。

　代替進入口は、非常用進入口と同じく消防隊の活動に配慮された構造とする必要がありますが、非常用進入口の条件とは少し異なります。

　代替進入口は、道又は道に通じる幅4m以上の通路や空地に面する各階の外壁に、10m以内ごとに設置します。はしご車を使用することを考慮し、道や幅4m以上の通路等に面する外壁に設置するというのは非常用進入口と同じですが、消防隊の進入口であることの目印やバルコニーを設けなくてもよい代わりに、数を多くしています。

　また、非常用進入口は相互の間隔が40m以下になるように設置するのに対し、代替進入口は10m以内ごとに一つ設置するという違いに注意が必要です。たとえ相互の間隔が18mでも10m以内ごとに一つあればよいのです（**図4**）。

　代替進入口の大きさは、幅75cm以上で高さ120cm以上のもののほか、直径1m以上の円が内接するものでもよいため、非常用進入口より自由度があります（**図4**）。

　しかし、ガラスの構造は同じように規制され、外側に格子などをつけて進入を妨げるものなどは認められません。

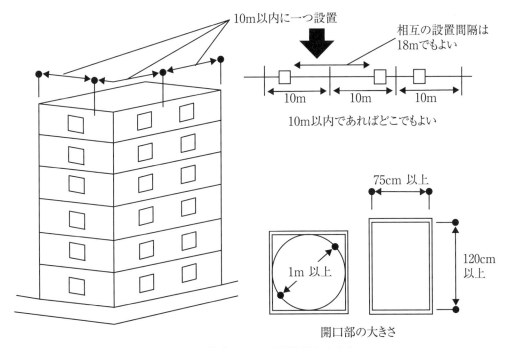

図4　代替進入口の設置位置と大きさ

(5) 吹抜き等一定規模以上の空間から各階に容易に進入できる場合

　スタジアムなどの観覧場を想定した十分な広さの大空間に、消防車両が進入して活動することを想定したものです。大空間に面した各階との間に壁などがなく、消防隊が容易に各階に進入することができる場合は、非常用進入口の設置を免除しています。

街を歩いていると、オフィスビルなどの壁面や窓に赤い逆三角形マークが貼られているのを見たことがあると思います。赤色灯やバルコニーがなければ、これらは代替進入口の印です。代替進入口には赤い逆三角形マークを表示する義務はありませんが、同じような窓が複数並んでいたり、外壁と同化してしまっている扉である場合、消防隊は代替進入口を探すのが困難です。そこで代替進入口にも印を付けることを行政指導している場合があります。

　前述のように建築物の3階以上には、非常用進入口を設けなくてはなりません。よって住宅であっても3階建てでは、非常用進入口の設置義務があります。ただ、赤色灯や大きいバルコニーを設けるのは現実的に難しいため、やはり代替進入口で代用することになります。

テーマ17　管理権原者

　管理権原者とは、防火対象物について正当な管理権を有し、当該防火対象物の管理行為を法律、契約又は慣習上当然行うべき者をいいます。
　管理権原者は、一般的に防火対象物の所有者や占有者等が該当しますが、防火対象物ごとに、所有、管理、運営、契約の形態により総合的に判定する必要があります。

キーワード
- □ 管理権原者
- □ 防火管理者

1　管理権原者

　管理権原者という言葉は、あまり耳慣れない言葉ですが、防火管理の指導の際には聞いたことがあると思います。消防法第8条には、「管理について権原を有する者」と書かれており、これを略して「管理権原者」と呼んでいます。
　ここでいう「管理」とは、火気管理など防火対象物の「防火についての管理」です。
　「権原」という言葉は、一般的に使われている「権限」とは少し意味が異なります。「権原」と「権限」を区別するため、前者を「けんばら」と言ったりします。辞書をひくと、「権原」とは、「ある行為を正当化する法律上の原因」とあります。
　これに対して、「権限」とは、「①公法上、国家又は公共団体が法令の規定に基づいてその職権を行い得る範囲、②私法上、ある人が他人のために法令・契約に基づいてなし得る権能の範囲」を意味します。簡単にいうと、管理権原者とは、防火対象物の防火についての管理を当然に行わなければならない人のことです。
　なお、防災管理者等についての準用規定である消防法第36条第2項にも、「管理について権原を有する者」と書かれているので、防災管理においても管理権原者がいます。管理権原者は、防火管理と同様に、防災管理についても防災管理者を選任して、防災管理上必要な業務を行わせなければなりません。

2　管理権原者の責務

　一定規模以上の人が利用・勤務・居住する防火対象物の管理権原者の責務は、防火管理者を選任すること、防火管理上必要な業務を行うよう指示すること、消防長又は消防署長へ防火管理者の選解任の届出をすることです。
　なお、防火管理者を選任して、防火管理業務を行わせたからといって、管理権原者の防火管理責任はなくなりません。防火管理者は防火管理業務を推進する責任者であり、防火管理の責任は、あくまでも管理権原者自身にあるのです。
　管理権原者の防火管理に対する意識の低さは、火災の発生や、火災発生後の初動措置の不手際などにつながり、結果的に火災の被害が拡大してしまうことがあります。過去の火災事例を見ても、管理権原者は、消防法のほか、刑法、民法、労働安全衛生法等によって、責任が問われたケースがあります。管理権原者の防火管理に対する意識を高め、責任を認識してもらうことが、適切な防火管理の第一歩となります。

3 管理権原者の判定

管理権原者は、前2の責務を適切に行える立場の人でなければなりません。管理権原者の例は、次の表のとおりです。

表　管理権原者の例

事業形態		管理権原者の例
営利法人	個人営業	店主
	株式会社 （特例有限会社を含む。）	代表取締役
	上記以外の法人 （合名、合資会社等）	代表社員
公益法人等	一般の公益法人	定款等により代表権の指定を受けている者
	宗教法人	代表役員
	社会福祉法人	代表権を有する理事
	医療法人・学校法人	理事長

また、管理権原者の判定に当たっては、次の要素を満たしていることが必要です。
○　事業所の代表権を正当に有している者であり、事業主など、その事業所を代表することができること。
○　事業所に勤務する者について、人事又は労務上の権限を有している者であり、従業員の中から防火管理者を選任して防火管理業務を行わせ、防火管理者が従業員に指示することができるために、人事又は労務上の権限があること。
○　防火対象物の改修や増改築工事、並びに避難施設及び消防用設備等の適切な点検・維持のために、必要な経費を支出することを決定し、これらを管理できる権限があること。

これらの要素を踏まえると、一般的には、防火対象物の所有者や事業所の経営者が管理権原者になります。さらに、次に例示する防火対象物の所有形態、管理形態、運営形態、契約形態などの要素も重要であり、総合的に勘案して判定します。

(1) 所有者が管理する場合

防火対象物の所有者が1人のみで、所有者が雇っている従業員だけで防火対象物の管理・運営をしている場合は、所有者が管理権原者であることはみなさん分かると思います（図1）。

それでは、2人で所有している場合や、所有者がたくさんのテナントを入れている場合は、誰が管理権原者でしょうか。

2人で共有している場合は、2人ともが管理権原者です（図2）。所有者Aが防火管理をしてくれたら、所有者Bはしなくてよいということはありません。また、たくさんのテナントを入れている場合でも、所有者が防火管理を行わなくてよいということはありませんので、テナントの占有者のほか、所有者も管理権原者になります。

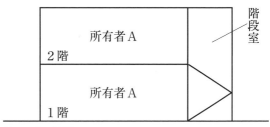

図1　1人の所有者が防火対象物の管理・運営を行っている場合

テナントとして入居していても、テナント内の器具・備品などの設置や火気管理は、テナントの事業主に権原があることが多いでしょう。雑居ビルのようにテナントの事業主が10人いれば10人全員、大規模なショッピングモールのように200人いれば200人全員が、管理権原者です（**図3**）。

なお、管理権原者は、事業主に雇われている店長ではなく、あくまでも所有者と契約を結んでいるテナントの事業主であることに注意が必要です。

例外は、所有者がテナント部分も含め防火管理を行うために必要な権原を持っていることが、賃貸契約等の中で定められている場合です。当然、所有者はテナント部分に防火管理上必要なときに立ち入ることができ、テナントの事業主は所有者の選任した防火管理者の指示に従う必要があります。デパートなどでこれに該当する例があります。

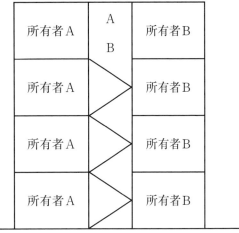

○○共同ビル
所有者A：<u>有限会社○○　取締役社長　○沢○子</u>
所有者B：<u>○○株式会社　代表取締役　○岡○男</u>
管理権原者：下線を付けた者

図2　2人の所有者が共同で防火対象物全体の管理・運営をしている場合

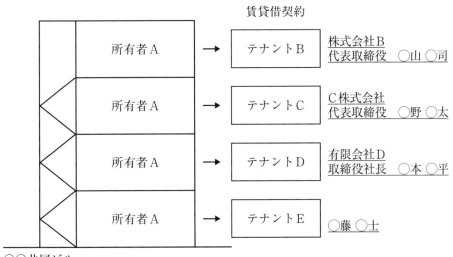

○○共同ビル
所有者A：<u>株式会社○○
　　　　　代表取締役　○下○郎</u>
管理権原者：下線を付けた者

図3　所有者が防火対象物を賃貸している場合

(2) 管理を委託している場合

所有者は、ビル管理会社に管理を任せているから、ビル管理会社が管理権原者であると主張する場合があります。

しかし、ビル管理会社は、所有者と委託契約を結んでいますが、委託者である所有者の指示で管

理業務を行いますので、管理権原者にはなり得ません（**図4**）。また、所有者が親会社、管理会社がその子会社という関係で、社長が同一人物であっても同じです（**図5**）。

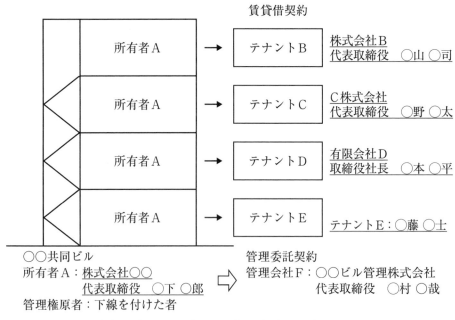

図4 所有者がビル全体の管理・運営をビル管理会社に委託している場合

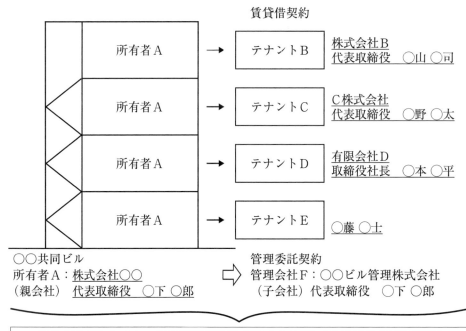

管理権原者：下線を付けた者
図5 所有者がビル全体の管理・運営を子会社のビル管理会社に委託している場合

(3) その他

　契約により、所有者など本来の管理権原者から全ての管理を委任されていて、管理について実質的な影響力がある場合は、管理権原者として扱うことがあります。例えば、公立の小学校で、校長を管理について実質的な影響力がある者と捉え、管理権原者と判定する場合です。

　マスターリースや不動産の証券化などについては、国の通知「防火対象物等の「管理について権原を有する者」について」（平成24年2月14日消防予第52号）」を参考にしてください。

　以上のように、管理権原者の判定は、個々の事案により異なります。また、「管理権原者」とは、消防法第17条に規定する消防用設備等を適切に設置・維持管理することが義務付けられている「防火対象物の関係者」や、消防法第17条の4に規定する消防用設備等が技術基準に従って設置、又は維持されていない場合における、措置命令の受命者となる「防火対象物の関係者で管理権原を有するもの」とは別の概念です。必ずしも同一人が該当するとは限らず、防火対象物の使用開始時やテナントの入居時に実態を確認したうえで、判定する必要があります。

テーマ18　防火管理と防災管理

　消防法では、防火対象物の所有者に防火管理者・防災管理者を選任し、消防計画を作成させることを義務付けています。防火管理は、火災の予防と火災時の被害の軽減を、防災管理は、地震をはじめとした様々な災害による被害の軽減を目的としています。防火対象物や消防用設備等が法令の基準に従って建てられ、設置されるのに対し、防火管理・防災管理は、防火対象物の実態に合った消防計画を定め、それに基づいて訓練、点検、維持管理などを行います。

キーワード
- ☐ 防火管理
- ☐ 防火管理者
- ☐ 消防計画
- ☐ 防災管理
- ☐ 防災管理者

1　防火管理

　過去の火災事例を見ると、たばこの不始末や不適切な火気管理をきっかけに火災が発生し、消火器、自動火災報知設備など消防用設備等の不備、不適切な管理、火災を発見したときの初動対応の不手際により、火災が拡大し、被害が大きくなっています。どんなに最新の設備や施設を備えたとしても、初期消火、設備の活用や維持管理、避難誘導などは人による対応が必要です。火災の初期の段階における対応が、被害の程度を決定付けるといっても過言ではありません。

　このことから、多数の人が利用、勤務、居住する防火対象物の所有者などの管理権原者は、防火管理者を選んで、火災の初期対応を定めて、訓練をするなど防火管理上必要な業務を行わせなければならないことが、消防法に定められています。

（1）**防火管理者**

　　防火管理は消防法第8条に定められているため、「法8」と呼ぶ担当者もいると思います。第8条は、消防法の第2章「火災の予防」の中にあり、管理権原者は防火管理者を定め、防火管理上必要な業務を行わせなければならないと規定されています。

　　防火管理の目的は、「火災を防ぐこと」、さらに「火災が発生した場合、その被害を最小限にとどめること」の二つです。

　　防火管理者の責務は、「火災を防ぐために、ふだん誰が何をしたらよいのか」、「火災が発生した場合に、誰がどう行動したらよいのか」を消防計画に定め、日常の火気管理の徹底、消防用設備等の維持管理、火災に備えた消火訓練や避難訓練などを実践することです（図1）。

（2）**防火管理に係る消防計画**

　　消防用設備等や防火区画などは、法令で定める技術上の基準に従って設置、維持することが定められています。これに対し防火管理は、訓練、点検、維持管理など人の行う業務なので、人々の行動規範を明確にしておく必要があります。この行動規範を文書にしたものが消防計画です。消防計画の前に「防火管理に係る」と付いているのは、火災という災害に備えるためのものだからです。

　　防火対象物の使用状況、従業員の勤務状況などは個々に異なることから、法令で画一的な計画を

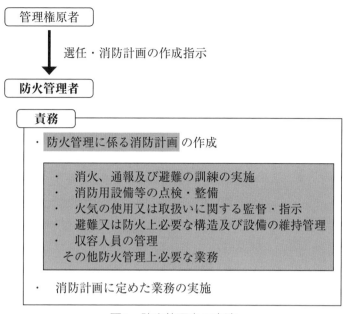

図1　防火管理者の責務

定めてもあまり実効性がありません。自分の防火対象物の実態に合った消防計画を定める必要があるのです。

ただ、何もないところから計画を作るのは難しいので、消防法施行規則第3条に、消防計画に定める事項を示しています。消防計画には、火災予防のための事項、火災時の対応に関する事項、教育、訓練などについて定めます（図2）。

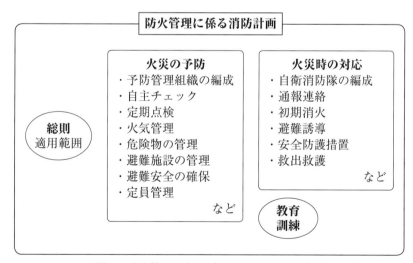

図2　防火管理に係る消防計画に定める事項

防火管理者が消防計画に定めたことは、防火対象物内の全従業員に守ってもらわなければなりません。防火管理者の指示が無視されたり、意見をないがしろにされたりしては、どんなに良い消防計画を作成しても絵に描いた餅になってしまいます。したがって、消防法施行令第3条には、防火管理者の要件として資格のほかに「防火対象物において防火管理上必要な業務を適切に遂行するこ

とができる管理的又は監督的な地位にあるものとする」ことが定められています。

2 防災管理

防災管理の制度は、平成21年6月1日に施行されたものです。

地震をはじめとする火災以外の災害には特有の対応事項があり、防火のための消防計画のみでは十分な対応が困難です。防災という言葉は非常に広い意味ですが、法令を読み解くと、防災管理の目的は、「地震、毒性物質・生物剤の発散、放射性物質・放射線の異常放出による被害を軽減すること」であることが分かります（図3）。これらの災害では、同時に多数の救助事象や火災が発生することが予想されます。災害の規模が大きくなれば、消防機関の消防活動は極めて困難となり、迅速に対応することは必ずしもできないでしょう。つまり、助けを待つだけでは、自らの建物や財産、お客さんや従業員の命を守ることはできない可能性があります。このことから、導入されたのが「自分のところは自分で守る」防災管理です。

```
消防法第36条第1項
第8条から第8条の2の3までの規定は、火災以外の災害で政令で定めるものによる被害の軽減のため特に必要がある建築物その他の工作物として政令で定めるものについて準用する。
```
↓
```
政令で定める災害（消防法施行令第45条）
・地震
・毒性物質の発散その他の総務省令で定める原因により生ずる特殊な災害
```
↓
```
総務省令で定める原因（消防法施行規則第51条の3）
・毒性物質若しくはこれと同等の毒性を有する物質の発散又はそのおそれがある事故
・生物剤若しくは毒素の発散又はそのおそれがある事故
・放射性物質若しくは放射線の異常な水準の放出又はそのおそれがある事故
```

図3　防災管理の目的

(1) 防災管理者

防火管理が「法8」＝消防法第8条をみればすぐ分かるのに対し、防災管理は、そもそもどこに規定されているのか、よく分からないという方もいます。

防災管理は、消防法第8章「雑則」の中の第36条に規定されています。第36条をみると、第8条を「準用する」、「読み替える」とたくさん書かれているので、言葉を全て置き換えてみると少し読みやすくなると思います（図4）。要するに、管理権原者は、防災管理者を選んで、避難訓練をするなど防災管理上必要な業務を行わせなければならないということです。

防災管理者の責務は、「地震などの災害の被害を軽減するために、ふだん誰が何をしたらよいのか」、「地震などの災害が発生した場合に、誰がどう行動したらよいのか」を消防計画に定め、地震などに備えた避難訓練などを実践することです。

(2) 防災管理に係る消防計画

今度は「防災管理に係る」と付いていますから、火災以外の災害に備える消防計画です。防災管理に係る消防計画に定める事項は、防災管理の基本事項と地震、毒性物質・生物剤の発散、放射性物質・放射線の異常放出による被害の軽減に関するものであることが消防法施行規則第51条の8に

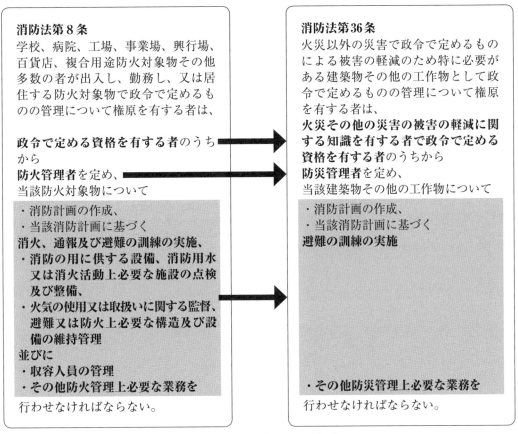

図4　防災管理者に関する規定

定められています。

　火災と異なり、地震発生時には、避難経路となるべき廊下や階段が破損したり、家具類が転倒したりして避難が困難になることや、建築物自体が倒壊することによる救助事象等の発生が予想されます。

　そのため、自分たちで行う救助、エレベーター停止に伴う閉じ込め事案への対応、避難施設や消防用設備等の損壊への対応、停電、断水、通信障害、交通障害等のインフラ障害への対応などを地震災害特有の対応として定めます（**表**）。さらに、これらの被害が、防火対象物の中のあちこちで発生することへの対応を含みます。

表　地震災害特有の対応

- パニック防止放送などの初期対応
- 落下物、家具転倒、ガラス飛散、建築物損壊による負傷者の救助
- エレベーター停止による閉じ込め対応
- 地震による出火防止の対応
- 階段、廊下など避難施設損壊の対応
- 消防用設備等の損壊の対応
- 停電、断水、通信障害、交通障害の対応
- 建築物の耐震性、周辺地域の危険性、帰宅困難者数などを踏まえた避難誘導
- 災害復旧作業に伴う二次災害発生防止の措置

　　　など

また、毒性物質・生物剤の発散、放射性物質・放射線の異常放出などの災害では、原因物質が目に見えなかったり、対応方法を間違えるとその原因物質の特性によっては二次的被害が増大したりすることが予想されます。これらの災害に対しては、専門知識のない人が判断して行動することは危険につながりますので、基本的には通報連絡、避難誘導、避難のために必要な身体防護について定めます。

　なお、防火管理の消防計画と防災管理の消防計画の内容は、切り離して考えられるものではありません。したがって、防火管理者と防災管理者の両方の選任が義務付けられる場合は、防火管理者と防災管理者は同じ人にしなければならないことが、消防法第36条第2項に定められています。

　ちなみに、防火管理は消防法の第2章「火災の予防」に、防災管理は第8章「雑則」に規定されていると説明しました。したがって、「火災予防」を目的とした消防法第4条を根拠に、防災管理に関して資料提出命令や立入検査をすることはできません。あくまでも任意の調査として確認し、指導してください。

テーマ19　防火対象物の区分と防火管理者の資格

消防法には、火災予防と火災時の被害の軽減を目的とした防火管理制度があります。防火管理制度は、防火対象物の実態に応じて防火管理者を選任します。

防火対象物の区分には、用途・規模などに応じた甲種防火対象物と乙種防火対象物があり、防火管理者の資格区分には、甲種防火管理者と乙種防火管理者があります。

防火対象物やテナントの実態を把握し、防火対象物の区分と防火管理者の資格をそれぞれ判定することが、防火管理指導業務の第一歩となります。

キーワード
- 甲種防火対象物
- 乙種防火対象物
- 甲種防火管理者
- 乙種防火管理者

1　甲種防火対象物と乙種防火対象物

防火管理制度は、多くの人が出入し勤務や居住する防火対象物について、火災の発生の未然防止や火災時の被害軽減などを目的としています。

防火管理上必要な業務を行う防火管理者を定めなければならない防火対象物は、用途や収容人員で決まります。判定要件は、①火災発生時における自力避難能力、②利用者が不特定多数である特定用途であるか否か、③延べ面積などの条件から、**図1**のとおり甲種防火対象物と乙種防火対象物に区分されます。

2　甲種防火管理者と乙種防火管理者

防火管理者は、各事業所の管理的又は監督的な地位にあり、防火管理に関する知識を持った者を選任しなければなりません。また、防火対象物と同様に防火管理者の資格にも、「甲種」と「乙種」の資格区分があり、**表**のとおり「甲種防火対象物」は「甲種防火管理者」を、「乙種防火対象物」は「甲種防火管理者」又は「乙種防火管理者」を選任します。

それでは、防火対象物にテナントが複数入居している場合は、どうなるのでしょうか？

テナントの防火管理者の選任に当たっては、防火対象物の区分・テナント部分の用途・収容人員がポイントになります。

ところで、収容人員は用途別に捉えますが、一般に、従業員や利用者の人員を合算したもので、椅子の数や面積などで算定する場合もあります。

選任に係るフローを**図2**にまとめましたので、そのフローにしたがって考えてみましょう。

まずは、「甲種防火対象物」に入居しているテナントです。

① テナントが避難困難入所施設（(6)項ロ）で、テナント部分の収容人員が10人以上の場合は「甲種防火管理者」から防火管理者を選任しなければいけません。10人未満の場合は「甲種防火管理者」又は「乙種防火管理者」のどちらでもよいことになります。

② テナントが劇場・飲食店・店舗・ホテル・病院等のいわゆる特定用途で、テナント部分の収容人員が30人以上の場合は「甲種防火管理者」から選任し、30人未満の場合は(1)と同様に「甲種防

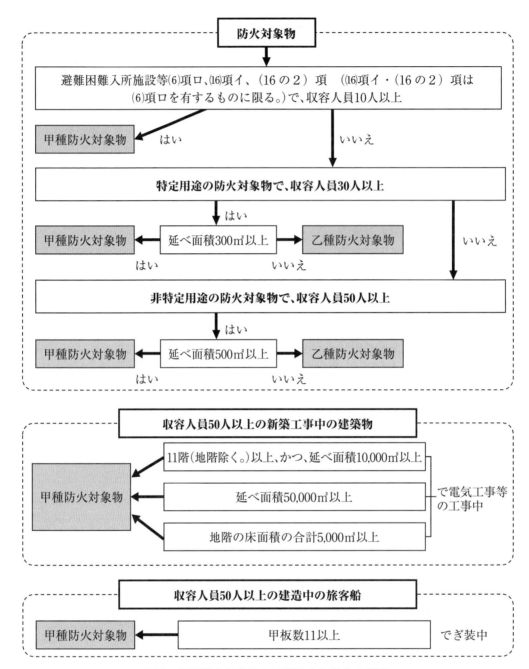

図1 甲種防火対象物と乙種防火対象物の判定

表 防火対象物の区分に応じた防火管理者の資格

防火対象物区分 \ 資格区分	甲種防火管理者	乙種防火管理者
甲種防火対象物	可	否
乙種防火対象物	可	可

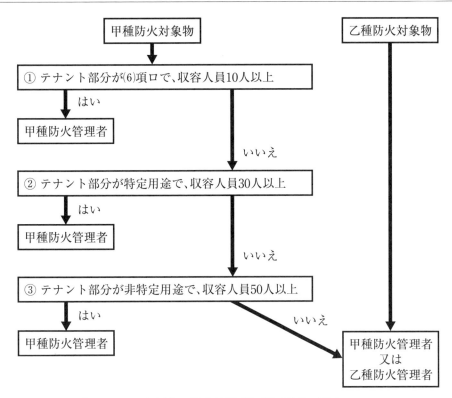

図2　テナント部分の防火管理者に係る資格の判定フロー

管理者」又は「乙種防火管理者」のどちらかです。

③　いわゆる非特定用途のテナントで、テナント部分の収容人員が50人以上の場合は「甲種防火管理者」から選任し、50人未満の場合は「甲種防火管理者」又は「乙種防火管理者」のどちらかです。

次に「乙種防火対象物」に入居しているテナントの場合は、テナント部分の用途や収容人員にかかわらず「甲種防火管理者」又は「乙種防火管理者」のどちらかです。

3　防火管理者の選任事例

それでは、事例1、2を用意しましたので、資格区分などを考えてみましょう。

事例1

【問】

特定用途の複合用途防火対象物(⒃項イ)、延べ面積が500㎡の右図の防火対象物において、防火対象物の区分と防火管理者の資格は、どのようになりますか？
※ただし、建物所有者は右図の防火対象物に入居していないものとします。

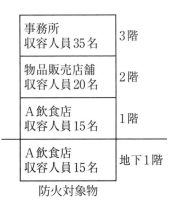

防火対象物

【解説】
　条件は、延べ面積が500㎡の(16)項イの防火対象物なので「特定用途の防火対象物」、「延べ面積300㎡以上」、「収容人員30人以上」であるため、「甲種防火対象物」となります。
　そのため、防火対象物の所有者は「甲種防火管理者」から選任し、玄関ロビーや階段などの共用部分の防火管理業務を行うことになります。
　続いてテナントの防火管理者を考えると、事務所は「非特定用途で収容人員50人未満」、また、物品販売店舗は「特定用途で収容人員30人未満」であるため「甲種防火管理者又は乙種防火管理者」から選任します。また、A飲食店は「特定用途で収容人員30人以上」であるため「甲種防火管理者」が必要です。事務所、物品販売店舗、A飲食店は、それぞれ使用している部分の防火管理業務を行うことになります。

【答】
　防火対象物区分：甲種防火対象物
　防火対象物（共用部分）：甲種防火管理者
　事務所：甲種防火管理者又は乙種防火管理者
　物品販売店舗：甲種防火管理者又は乙種防火管理者
　A飲食店：甲種防火管理者

事例2
【問】
非特定用途の複合用途防火対象物((16)項ロ)、延べ面積が1,000㎡の右図の防火対象物において、防火対象物の区分と防火管理者の資格は、どのようになりますか？
※ただし、防火対象物の所有者が事務所の代表者であるものとします。

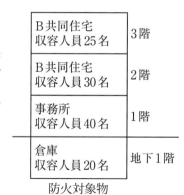

【解説】
　条件は、延べ面積が1,000㎡の非特定用途の複合防火対象物なので「非特定用途の防火対象物」、「延べ面積500㎡以上」、「収容人員50人以上」であるため、「甲種防火対象物」となります。
　テナントのB共同住宅は「非特定用途で収容人員50人以上」であるため「甲種防火管理者」が、倉庫は「非特定用途で収容人員50人未満」であるため「甲種防火管理者又は乙種防火管理者」が必要です。
　事務所は、テナント部分だけを考えると「非特定用途で収容人員50人未満」であるため「甲種防火管理者又は乙種防火管理者」のどちらでもよいことになります。ただし、防火対象物の所有者が事務所の代表者であるため、事務所には「甲種防火管理者」を選任する必要があります。また、管理権原者一人につき一人の防火管理者を選任することが原則ですので、同一人を「甲種防火管理者」の中から選任し、事務所及び防火対象物の共用部分の防火管理業務を行わせることになります。

【答】
　防火対象物区分：甲種防火対象物
　B共同住宅：甲種防火管理者

事務所：甲種防火管理者
倉庫：甲種防火管理者又は乙種防火管理者

　「甲種防火対象物」と「乙種防火対象物」の区分は、防火管理制度を取り巻く社会経済環境の変化に対応することを目的に、防火管理体制研究委員会（消防庁）で検討され、昭和61年12月9日政令第369号・自治省令第28号で防火対象物の実態に即した防火管理が実施できるように改正、昭和62年4月1日から施行されました。
　これに合わせて、それぞれの資格取得を目指した講習も「甲種」と「乙種」と2種類あります。
　防火管理者の選任は、防火管理を具現化するための第一歩となるものです。そのため、防火対象物やテナントの実態を踏まえ、収容人員の算定などの基本的なことを押さえるとともに、防火対象物や防火管理者の区分などを的確に判断したうえで、適切な指導を行っていただきたいと思います。

テーマ20　消防計画

　防火・防災管理義務対象物の所有者などの管理権原者は、防火管理者・防災管理者を選任し、消防計画を作成させなければなりません。
　防火管理では火災の予防と火災時の被害の軽減を、防災管理では地震及び特殊な災害による被害の軽減を目的に、それぞれの消防計画を作成することになっています。
　防火・防災管理に係る消防計画は、当該防火対象物における防火・防災管理業務を運営・管理・実施していくための基本方針で、当該防火対象物の位置、構造及び設備の状況並びにその使用状況に応じた実効性のあるものとすることが重要です。

キーワード
- 消防計画
- 防火管理
- 防災管理

1　2種類の消防計画

　消防計画には2種類あって、消防法第8条に出てくる消防計画は、「防火管理に係る消防計画」であるのに対し、第36条に出てくる消防計画は、「防災管理に係る消防計画」です。このことは、「テーマ18　防火管理と防災管理」で説明しましたが、簡単に復習します。

(1) **防火管理に係る消防計画**

　防火管理に係る消防計画は、事業所での火災発生等を未然に防止するため、防火対象物、火気使用設備器具等の火災予防上の自主検査や消防用設備等の点検及び整備等の行動規範を定めるとともに、万一火災などの災害が発生した場合に、被害を最小限にとどめるために必要な自衛消防の組織を編成し、その活動要領や任務を明確にするものです。

(2) **防災管理に係る消防計画**

　防災管理に係る消防計画は、事業所の地震及び特殊な災害による被害を軽減するため、避難施設等の自主検査や震災対策に係る資器材の点検及び整備等の行動規範を定めるとともに、その活動要領や任務を明確にするものです。
　これら二つの消防計画は、それぞれ「火災の予防と火災時の被害の軽減」、「地震及び特殊な災害による被害の軽減」を目的としており、対象となる災害が異なるものの、防火対象物において防火・防災管理業務を運営・管理・実施していくために取り組むべき施策であり、防火・防災管理業務における根幹となるものです。ここでは、防火管理に係る消防計画を中心に取り上げます。

2　消防計画作成指導のポイント

防火管理と防災管理は目的が異なりますが、一元的な計画が求められます。
作成指導を行う際のポイントは、次のとおりです。

① 消防計画は、防火管理者又は防災管理者の選任単位ごとに作成します。
② 防災管理者の選任が必要な場合、防災管理者は、防災管理業務と防火管理業務を一体として行うことになっているので、防災管理に係る消防計画と防火に関する消防計画を一つの消防計画として作成します。

③ 消防計画は、実態に応じた実効性のあるものを作成します。
具体的には、以下を踏まえたものにします。
・防火対象物の規模（全体の面積や事業所の占有面積）
・構造
・用途
・管理体系
・収容人員（全体の収容人員と事業所の収容人員、従業員数と利用者数）
・火気等の管理（裸火や厨房設備の使用等）
・消防用設備等の設置状況
④ 消防計画は、形式にとらわれず、具体的で誰でも理解できるものにします。また、火災等の各種災害が発生した場合に、組織全体がその計画に基づいて活動できるものにします。
⑤ 統括防火管理義務対象物では、全体についての消防計画と各事業所の消防計画を適合させる必要があります。

3 防火管理業務と消防計画　　□□□

(1) 防火管理業務の種別

消防法第1条の目的を達成するための役割は、実は消防機関だけが果たすものではなく、一般国民、つまり防火対象物の関係者などにも求められています。この防火対象物の管理権原者に求められている役割そのものが、防火管理業務となるのです。

防火管理業務は、平常時における火災予防を目的とした「予防管理業務」と、火災、地震その他の災害等が発生した場合の有事における人的・物的被害を軽減することを目的とした「自衛消防業務」に分類することができます。

予防管理業務には、火気管理、終業時の点検、防火・避難施設及び消防用設備等の日常の維持管理から防火対象物内外の可燃物の管理などが該当します。

自衛消防業務には、防火対象物における火災のほか、地震その他の災害等が発生した場合に、迅速かつ的確な自衛消防活動を行うために自衛消防隊を編成することなどが該当します。

消防計画においては、「予防管理業務」と「自衛消防業務」を推進するため、各責任者や任務分担を明らかにした組織をそれぞれ編成し、防火対象物の実態に応じた実効性のある計画を作成する必要があります。

(2) 防火管理業務の実施単位

防火管理業務の実施単位は、原則として管理権原者ごとです。

そのため、「一つの防火対象物の管理権原者が単独」である場合には、防火管理業務の実施単位は単一です。一方、「一つの防火対象物の中に複数の管理権原者」が存在する場合には、各々の管理権原者が管理する部分の収容人員が一定未満であっても、管理権原者ごとに防火管理者を選任しなくてはなりません。このような防火対象物は階段等を共用し、消防用設備等も防火対象物全体で維持管理しなければならないなど、防火管理に共通の業務があり、防火対象物内で相互に協力して自衛消防活動を行うことも不可欠であるため、防火管理業務は一体的になされることが有効と考えられます。

すなわち、各事業所において、災害時を想定した自衛消防活動の連携が計画されているかなどを、審査することがポイントになります。

(3) 消防計画の作成要領

ア 消防計画に定める内容

　消防計画に盛り込むべき内容として、防火管理では消防法施行規則第3条、防災管理では消防法施行規則第51条の8第1項などに規定されており、日常の災害予防から災害発生時の自衛消防まで広範囲に及びます。

　消防計画は防火対象物や事業所の実態に応じて作成するものであるため、大規模な場合や複雑な管理形態などであれば、当然、盛り込むべき内容は多くなります。

　例えば、複合用途の防火対象物では、広い売場のほか、飲食店などもあり、内容が多くなります。ところで、複合用途の防火対象物の中に無人ATMの個室があった場合、この箇所の消防計画は必要でしょうか？

　答えは、防火対象物全体に防火管理義務があるため、その中の事業所は規模の大きさにかかわらず、防火管理の義務があることになり、消防計画を作成する必要があるのです。その際は、全ての項目を網羅する必要はなく、必要な項目のみを確実に盛り込むよう指導することが大切です。

イ 主な用途における消防計画上の重点項目

　消防計画の作成に当たっては、当該防火対象物の用途の特徴を踏まえることが重要です。

　過去の火災事例等から出火原因、延焼要因、人命危険要因の分析を通じて、用途の特徴を踏まえた重点項目をまとめたものを、表1に示します。これを参考に防火対象物や事業所の用途ごと

表1　主な用途における消防計画の重点項目

用　　　途	計画作成上の重点
劇場・映画館・観覧場・集会場	1　喫煙禁止場所、喫煙所の指定、喫煙管理 2　発災時における避難誘導体制 3　収容人員の適正管理 4　避難通路、非常口の適正管理体制 5　館内施設物の自主点検・検査 6　終演時の火気使用設備器具の安全確認及び吸殻処理等の火気管理体制
バー・キャバレー・カラオケボックス・飲食店等	1　避難誘導及び救助・救出体制 2　防災教育・訓練 3　避難誘導を主体とした自衛消防隊の編成 4　終業時の喫煙等火気の安全確認（客、従業員の吸殻の処理等） 5　非常口等の維持管理体制 6　他の事業所との防火管理上の協力体制 7　厨房設備（天蓋、ダクトを含む。）の火気管理及び清掃などの維持管理
百貨店・スーパーマーケット	1　収容人員の適正管理 2　バックヤード等商品置場の管理 3　避難誘導体制 4　売場内での火気の使用 5　売場内の主要通路、補助通路の確保方策 6　階、区域ごとの従業員の任務の明確化 7　災害時の非常放送等情報伝達、案内方法（要領） 8　改装、模様替え等工事中における火災予防措置 9　新入社員、パート従業員等の教育訓練 10　放火対策
旅館・ホテル	1　避難誘導体制 2　客室の喫煙管理 3　夜間における災害活動体制 4　消防用設備等の維持管理の徹底（点検、検査の徹底）

	5　従業員の任務分担の明確化 6　火災予防のための組織の充実方策
病院・診療所・社会福祉施設等	1　入院患者等在館(園)者の救護区分(担送、護送、独歩)の明確化と周知徹底 2　休日・夜間の活動体制 3　職員の非常招集計画 4　避難誘導、救出救護、搬送体制 5　火災予防管理体制 6　危険物品(特にアルコール、エーテル、ベンゼン等の引火性液体類)の適正な取扱い、管理の徹底
幼稚園・保育園	1　避難誘導及び救出体制 2　少数職員等による自衛消防隊の効率的運用 3　歩行困難者に対する助力者の指定 4　保護者への引渡し対策 5　園児等への防災教育、避難訓練の徹底方策 6　業務時間外で他の目的に使用する場所の防火対策
小・中学校	1　通報連絡及び避難誘導体制 2　訓練計画 3　震災時の安全対策 4　児童、生徒の引渡し及び保護者との連絡 5　可燃物(教材等)及び火気使用設備器具等の管理 6　施設を開放する場合の遵守事項の周知徹底
工場・作業場	1　火気管理 2　危険物、指定可燃物等の安全対策 3　防災教育・訓練 4　震災予防措置及び震災時の活動体制 5　従業員の任務分担の明確化 6　隣接事業所等との応援体制

に考えてみましょう。

　表1には主な用途の記載がありますが、例えば、飲食店では、お客さんの出入りする部分のほか、厨房スペースがあるので、厨房設備の火気管理や排気ダクト等の清掃が重点項目に該当します。百貨店では、不特定多数の者が出入りし、商品などの陳列が多いことが特徴です。そのため、衣類や花火などの可燃物を陳列する部分は、店員の目の届く範囲に置くなどの具体的な放火対策を盛り込むことが大切です。また、病院や社会福祉施設などでは、従業員が少なくなる休日や夜間の活動体制や救出手段の事前確保がポイントになります。

　ウ　防火対象物の実態を踏まえた項目

　　前イとともに、規模、管理形態などの実態を確認したうえで、消防計画を作成します。防火対象物の規模、構造等、用途、管理形態、収容人員のほか、具体的な火災危険を見据えた火気等の管理、さらに、消防用設備等の設置状況などが盛り込まれているかを確認します。

　以上の点を踏まえ、消防計画は防火管理業務の基本方針ですが、形式にこだわり過ぎず、できるだけ簡潔に、かつ、実行しやすいものにします。

　消防計画に定めるべき事項（**表2**）は法令に規定されているものの、全てを網羅しようとするものではなく、必要な項目を選択すればよいのです。

　また、担当者の不在や夜間等従業員が少ない場合でも実行できるものにする（自衛消防隊長などは、不在時の代行者を定める。）ことや具体的な行動に関する部分については、マニュアル化するなど訓練や実災害で活用できるように工夫することも求められます。

つまり、日常的に火災予防ができる計画になっているか？　火災や地震などの災害が発生した際、実際に活動できる計画になっているのか？　というところを確認することが重要です。

表2　消防計画に定める事項（消防法施行規則第3条第1項（一部））

予防管理業務	(1)　点検検査業務：自主点検、法定点検 (2)　避難安全確保業務：避難通路や区画の維持管理 (3)　防火安全確認業務：内装等の防火上の維持管理 (4)　教育・資格管理業務：従業員や新入社員教育 (5)　出火防止業務：喫煙などの火気管理、放火防止対策
自衛消防業務	(6)　自衛消防隊の編成：任務の指定、活動範囲 (7)　火災対策業務：自衛消防隊の活動対策 (8)　地震その他の災害対策業務：地震、大雨等の対策 (9)　訓練指導業務：自衛消防訓練の計画及び実施

テーマ21　統括防火管理制度

一つの防火対象物に複数の事業所が入り、管理権原が分かれている場合、各管理権原者が防火管理に熱心であったとしても相互に連絡・協力し合う体制がなければ、いざというときに混乱が生じるおそれがあります。

例えば、火災発生時に防火戸や消防用設備等が活用されなかったり、避難口が他の管理権原者により閉ざされていたりすることにより、大惨事に至ることも考えられます。

統括防火管理制度は、防火対象物内の各管理権原者の協議によって防火対象物全体についての防火管理上必要な業務を統括する「統括防火管理者」を選任し、防火対象物全体の一体的な防火管理を行うために「全体についての消防計画」を定め、それに基づく全体の訓練・防火管理上必要な業務を行うものです。

キーワード
- ☐ 統括防火管理
- ☐ 統括防災管理
- ☐ 全体についての消防計画

1　消防法の改正

雑居ビル等で多くの死傷者を伴う火災が相次いで発生していることや、東日本大震災での激しい揺れにより、高層ビルなどにおいて人的・物的被害が発生したことを受け、防火対象物内に賃貸借人が複数の場合など管理権原が分かれている防火対象物における防火・防災管理体制を強化するため、平成24年6月27日法律第38号で消防法の一部が改正され、平成26年4月1日に施行されました。

この改正により、管理権原者に「統括防火（防災）管理者」の選任を義務付け、統括防火（防災）管理者に防火対象物全体の防火（防災）管理に係る消防計画の作成、当該計画に基づく全体の消火・通報及び避難の訓練の実施などの防火管理上必要な業務を行わせるとともに、防火対象物内の各防火（防災）管理者に対して必要な指示をすることができるようになり、複数権原の防火対象物における一体的な防火（防災）管理体制が強化されました（図1）。

2　統括防火管理制度

統括防火管理制度について、次のように定められています。

◆ **統括防火管理者の選任・届出**
　各管理権原者は、協議により統括防火管理者を選任し消防機関に届け出ます。協議によって選任された統括防火管理者は防火対象物全体の防火管理上必要な業務を行います。

◆ **統括防火管理者の業務・役割**
　統括防火管理者は、防火対象物全体の防火管理業務を推進するために、次のような業務を行います。
① 全体についての消防計画の作成
② 全体についての消防計画に基づく防火対象物全体の消火・通報・避難の訓練
③ 廊下、階段等の共用部分の避難上必要な施設の管理

◆ **統括防火管理者への必要な権限の付与**
　統括防火管理者は、各テナント等の対応に問題があって、防火対象物全体についての防火管理業務を遂行することができない場合に、各テナント等の防火管理者に対して、その権限の範囲におい

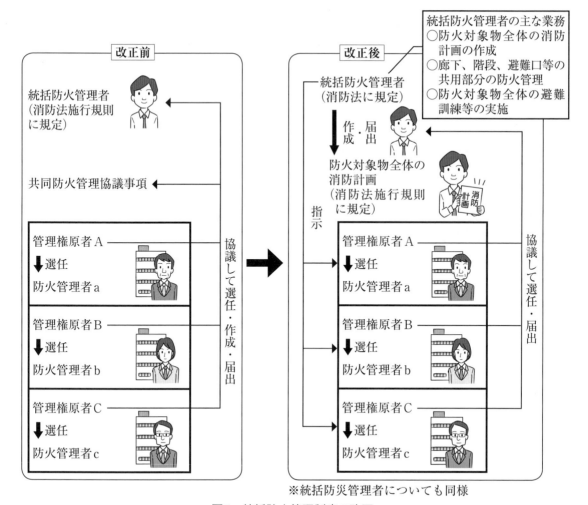

図1 統括防火管理制度の改正

て必要な措置を指示することができます。
(例1) 廊下等の共用部分における避難に支障のある物件の撤去の指示
(例2) 防火対象物全体の消火・通報・避難訓練の不参加者に対する参加促進の指示
　など

　以上が統括防火管理制度の概要です。統括防火管理者を選任しなければならない防火対象物では、各管理権原者の協議によって必要な要件を満たす者の内から「統括防火管理者」を選任し、選任された統括防火管理者は、全体についての消防計画を作成するとともに、当該消防計画に基づく自衛消防訓練と防火管理業務を遂行し、業務を遂行する際に支障がある場合（物件の存置、訓練への不参加など）は各テナント等の防火管理者に対して指示を行います。

　防火対象物内において、統括防火管理者を筆頭に全体の防火管理業務を行うことで一体的な防火管理体制を確立する制度となっています（図2）。

(1) **統括防火管理者を選任しなければならない防火対象物**

　　統括防火管理者を選任しなければならない防火対象物は、次のいずれかに該当する防火対象物で管理権原が分かれているものです（図3）。
　① 高層建築物（高さ31mを超える建築物）

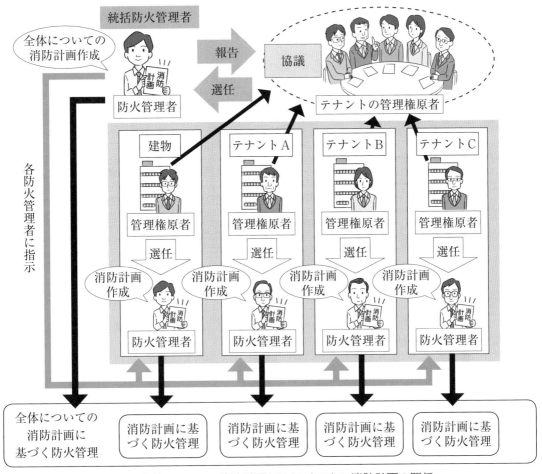

図2 全体についての消防計画とテナントごとの消防計画の関係

② 避難困難入所施設(消防法施行令別表第1(6)項ロの火災時に自力で避難することが著しく困難な者が入所する社会福祉施設等のこと)が入っている防火対象物のうち、地階を除く階数が3以上で、かつ、収容人員が10人以上のもの
③ 特定用途の防火対象物のうち、地階を除く階数が3以上で、かつ、収容人員が30人以上のもの(避難困難入所施設を除く。)
④ 非特定用途の複合用途防火対象物のうち、地階を除く階数が5以上で、かつ、収容人員が50人以上のもの
⑤ 地下街のうち消防長又は消防署長が指定するもの
⑥ 準地下街

全てに共通して「管理権原が分かれている」ものを前提としています。

(2) 統括防火管理者

統括防火管理者は、統括防火管理義務対象物ごとに、各管理権原者の「協議」によって選任されます。

「協議」の方法は任意としていますが、消防法改正前の「共同防火管理協議会」が設置されていれば、それらを活用した方法などが考えられます。

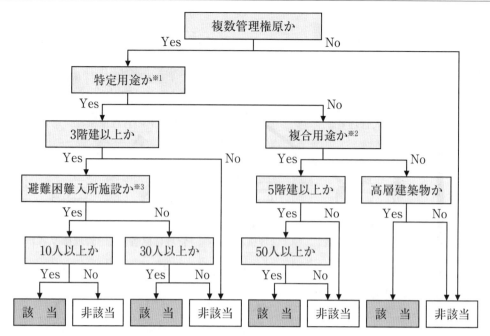

上記のほか地下街で管理権原が分かれているもののうち、消防長又は消防署長が指定するもの、準地下街で管理権原が分かれているものも該当します。
※1 特定用途とは、不特定多数の人が出入りする防火対象物をいう。
※2 複合用途とは、異なる用途が入っている防火対象物をいう。
※3 避難困難入所施設とは、火災時に自力で避難することが著しく困難な者が入所する社会福祉施設等をいう。

図3 統括防火管理が義務となる防火対象物の判定フローチャート

統括防火管理者の資格については、防火対象物の区分に応じた防火管理講習の課程を修了した者等で、かつ、防火対象物全体についての防火管理上必要な業務を適切に遂行するために必要な権限及び知識を有していることが必要です。

また、防火対象物の全体についての防火管理業務を担いますので、防火管理上必要な知識等を有していなければなりません（**図4**）。

1 管理権原者から、必要な権限が付与されていること。
2 管理権原者から、防火管理上必要な業務の内容について説明を受けており、かつ、当該内容について十分な知識を有していること。
3 管理権原者から、防火対象物の位置、構造及び設備の状況その他の防火管理上必要な事項について説明を受けており、かつ、当該事項について十分な知識を有していること。

図4 統括防火管理者の資格

統括防火管理者が防火管理上必要な業務を行うときは、必要に応じて管理権原者に指示を求め、その職務に当たることになりますが、全ての管理権原者に指示を求める必要はなく、最も適当と考えられる管理権原者に指示を求めれば足ります。

また、統括防火管理者は、各防火管理者による防火管理業務が適正に行われていないために、自らに課せられている防火対象物全体の防火管理業務を遂行することができないと認める場合には、その権限の範囲において、各防火管理者に対して必要な措置を講ずべきことを指示することができます。

具体的には、次のような場合です。
① 当該防火対象物の廊下等に避難の支障となる物件を置いてある状態を是正しようとしない場合は、防火管理者に対し、当該物件を撤去することを指示
② 防火対象物全体についての消防計画に従って実施される訓練に参加しない場合は、防火管理者に対して、訓練の参加を促すことを指示

(3) 全体についての防火管理に係る消防計画

統括防火管理者の主な業務として、全体についての防火管理に係る消防計画の作成があります。統括防火管理が義務となる対象物では、管理権原が及ぶ範囲が不明確であったり、訓練も部分的なものにとどまりがちなので、全体についての消防計画で、今まで曖昧であった管理権原の範囲の明確化や、防火対象物全体の総合的な訓練の実施などを義務付けています（図5）。

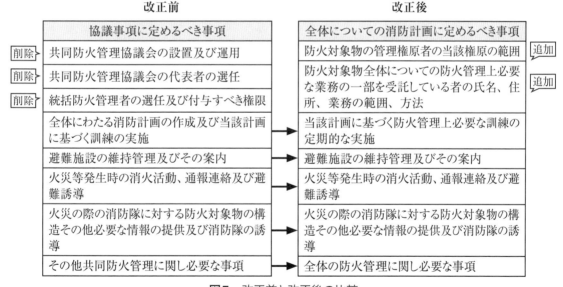

図5 改正前と改正後の比較

具体的に定める事項は、次のとおりです。
① 各管理権原者が管理する当該範囲を明確に示すこと。
② 防火管理上必要な業務の一部が委託されている場合、範囲及び方法に関すること。
③ 全体についての消防計画に基づく消火、通報及び避難の訓練の定期的な実施に関すること。
④ 廊下、階段、避難口等の維持管理及び案内に関すること。
⑤ 火災、地震その他災害が発生した場合における消火活動、通報連絡及び避難誘導に関すること。
⑥ 火災の際に必要な情報の提供及び消防隊の誘導に関すること。

⑦　その他防火管理上必要な事項

　全体についての消防計画の作成については防火管理に係る消防計画と同様に現状を把握した上で、実効性を考える必要があります。防火対象物の使用状況、自衛消防訓練の結果等に応じて常に計画の見直しを行います。

※　統括防災管理者については、防災管理義務対象物で、管理について権原が分かれている防火対象物に選任が義務付けられており、原則として統括防火管理制度に準じます。

テーマ22　自衛消防訓練

　消防法では、一定規模以上の事業所の管理権原者に対して、防火管理者を選任し、消防計画の作成、訓練の実施、並びに災害時の消防計画に基づく初期消火や避難誘導などの自衛消防活動を義務付けています。

　事業所では、自衛消防活動が円滑にできるよう、毎年用途ごとに義務付けられた回数の消火訓練や避難訓練等の自衛消防訓練を行います。消防署の訓練指導に当たってのポイントは、通報訓練では、住所や災害の状況を消防機関に正確に伝えられるようにすること、消火訓練では、訓練参加者が受傷しないようにすること、避難訓練では、災害の状況に合わせて安全な経路を通って避難できるようにすることです。

キーワード
- 自衛消防活動
- 通報訓練
- 消火訓練
- 避難訓練

1　自衛消防活動と自衛消防訓練

　消防法では、一定規模以上の事業所の管理権原者に対して、防火管理者を選任し、消防計画の作成を義務付けています。消防計画では、組織的に災害に対応するために、自衛消防の組織を編成し、従業員に災害時の任務を付与しています。

　事業所は、災害が発生した場合、消防計画に基づき119番通報、初期消火、避難誘導、応急救護などの自衛消防活動を実施しなければなりません。

　これらの活動を円滑にできるよう、日頃からの備えとして消火訓練や避難訓練等の実施が重要といえます。

2　訓練に係る消防法令上の根拠

　事業所に伺った際、防火管理者から「どうして訓練を行うのか？」などと訓練の根拠を聞かれることがあります。訓練の実施主体は、消防法、消防法施行令及び消防法施行規則において、管理権原者と防火管理者であることが規定されています（**表1**）。

　管理権原者には、消防法第8条により、防火管理者に防火管理に係る消防計画を作成させ、その計画に基づく消火、通報及び避難訓練を行わせることが義務付けられています。

　一方、防火管理者には、消防法施行令第3条の2により、消防計画に基づき、訓練を実施することが義務付けられています。さらに消防法施行規則第3条において、消防計画の中に定期的な訓練の実施に関することや、特定用途の防火対象物における訓練の回数などが定められています。一方、非特定用途の防火対象物では、法令的には訓練の実施回数が定められていません。しかし、**表1**にもあるように、消防計画に基づく定期的な訓練の実施が義務付けられているので、災害発生に備え、各種訓練の実施を行政指導する必要があります。

表1　自衛消防訓練の法的根拠

法令根拠	内　容	責務のある者 管理権原者	責務のある者 防火管理者
消防法 第8条第1項	管理権原者は防火管理者に防火管理に係る消防計画を作成させ、その計画に基づく消火、通報及び避難訓練を行わせなければならない。	○	
消防法施行令 第3条の2第2項	防火管理者は防火管理に係る消防計画に基づき消火、通報及び避難訓練を行わなければならない。		○
消防法施行規則 第3条第1項	防火管理者は防火管理に係る消防計画の中に、消火、通報及び避難の訓練その他防火管理上必要な訓練の定期的な実施に関することを定めなければならない。		○
消防法施行規則 第3条第10項	特定用途の防火対象物の防火管理者は消火・避難訓練を年2回以上実施しなければならない。		○

3　訓練指導のポイント

消防署では事業所の防火管理業務の実効性を高めるため、訓練指導を行います（表2）。
防火管理者をはじめ事業所の方々に、まず訓練の必要性を理解してもらうことが重要です。

(1) 通報訓練

119番通報を模擬体験するために、内線電話を活用した119番通報訓練を行います。消防機関への通報の際、災害時には慌てていることから、所在地などが言えない事例があります。そのため、正確に通報できるよう、電話の近くに所在地などの必要事項のメモを貼るよう指導します。

また、放送設備がある場合には、災害を想定した上で、実際に機器を操作し、自衛消防隊員に対する命令や在館者に対する火災発生の情報提供等の放送を行うよう指導します。

(2) 消火訓練

ある消防本部の平成28（2016）年のデータから、火災における受傷の原因を見ると、「初期消火中」に229人が受傷しています（図）。初期消火中では、火点に近づきすぎて、炎にあおられたり、煙を吸ったりして受傷することが多くなっています。初期消火は、火に直面するため、自衛消防活動のうちで最も危険な活動であるといえます。

(3) 避難訓練

実際の避難誘導だけでなく、避難経路の確認を含めた訓練を行います。災害時、避難する際には、火や煙が入らないよう安全に区画された階段を使って、落ち着いて避難することが重要です。そのため、在館者の誘導をする人も、指示に従って避難をする人も、安全な階段が建物のどこにあるかを訓練時に確認しておくよう指導します。また、火災時には煙の拡大を防ぐために防火戸や防火シャッターなどが起動して普段の状況と異なっている可能性もあります。こうした状況でも落ち着いて避難できるように、災害発生時の設備の作動状況や避難経路を確認するよう指導することも欠かせません。

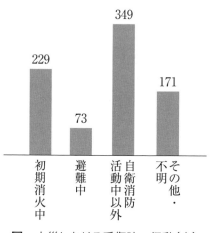

図　火災における受傷時の行動（人）

また、避難中に受傷する要因には、煙を吸って受傷することが多く挙げられます。避難する際には、できるだけ姿勢を低くするよう指導します。

(4) 安全管理

訓練の実施中に受傷事故が発生する場合があります。これらには、足を滑らせて転んだ、誤った操作をした、訓練の前から体調が悪かったなど少し気を付けていれば、防げたものも多くあります。訓練の際に、受傷事故が起きないように、安全管理についても指導します。

(5) 実施後の対応

訓練の終了後には、参加者で推奨点や反省点を検討し、訓練の実施結果をまとめるよう指導します。実施結果は、次回の訓練に反映するとともに、必要に応じて消防計画の見直しに生かすことが重要です。

表2　自衛消防訓練指導のポイント

通報訓練	通報時の確認項目	① 事故の種別　「火事ですか？　救急ですか？」 ② 所在地　「住所は○区(市)○町○丁目○○番○○号ですか？」 ③ 建物の名称　「建物は何という名称ですか？付近に目標物はありますか？」 ④ 災害の状況　「どこから何が燃えていますか？逃げ遅れの人はいますか？けがをしている人はいますか？」 ⑤ その他　その他の情報がある場合には、提供する。 　【例】 　・工場に化学薬品が多数ある。 　・倉庫に可燃物が多数ある。　等
	放送設備	①「こちらは防災センターです。」のように、誰がこの放送を行っているのかを明確に伝える。 ② はっきりとした落ち着いた口調で、2回程度繰り返す。 ③ 放送文例を用意しておく。
消火訓練		① 火点に近づきすぎないよう、適切な距離を保つ。 ② 煙は熱気や有毒な成分を含んでいることに注意する。 ③ 消火器や屋内消火栓を使用する場合には、吹き返しや燃焼物が飛散することに注意する。 ④ 避難路を確保し、「出火室内が延焼拡大中」や「天井等に火炎が達した状態で延焼中」ならば、無理せずに避難を開始する。 ⑤ 初期消火は、「ぬれた衣類等をかけて消火」「寝具等をかけて消火」「水道水用のビニールホースを使用して消火」「ふたをして消火」等ではなく、適切な消火器具、消火設備を使用する。
避難訓練		① 安全な階段が建物のどこにあるかを確認しておく。 ② 災害発生時の設備の作動状況や避難経路を確認しておく。 ③ 安全な階段を把握し、使用する。 ④ 避難はしごなどの避難器具は、他の避難手段がない場合に使用する。 ⑤ エレベーターは、使用しない。 ⑥ 出火階とその直上階を優先して避難させる。
安全管理	訓練前	① 使用する機器の事前教育をしておく。 ② 使用する機器の点検をしておく。 ③ 参加者の服装や履物を動きやすいものにする。 ④ 参加者の体調を確認し、調子の悪い人は見学させるなど配慮する。 ⑤ 準備運動を行う。
	訓練中	① 誤操作、憶測による判断の防止手段として、指差し呼称、確認呼称、復唱をする。 ② 使用している機器に異常があった場合には、中止する。 ③ 有効期限を過ぎた消火器は、使用しない。 ④ 屋内消火栓を使用する場合には、補助者を付ける。 ⑤ 避難器具を使用した実際の降下訓練は、実施しない。 　（実施する場合には、消防設備業者に指導を求める。）
	訓練後	① 使用した機器の点検を行う。 ② 参加者のけがや体調を確認する。

最後に自衛消防訓練というと、一般の事業所においては、火災や地震を想定し、業務を一時中断して行うというようなイメージを持たれている方も多いと思われます。

　もちろん、そのような訓練も効果的ですが、業務の都合上なかなか時間が取れない場合には、工夫して短時間で効果的な訓練を行うように指導します。例えば、「朝礼などで大勢の社員が集合している際に、消火器を使っての消火訓練」、「退社時に合わせた事業所全体の避難訓練」などが挙げられます。

　訓練を定着化させるために、事業所の実態に合わせた、無理のない実施計画を立てることが何よりも重要です。

　訓練は管理権原者や防火管理者の責務です。最終的には、消防署の助けを借りずに、事業所の訓練指導者を中心として、自主的に訓練が実施されるように指導していく必要があります。

テーマ23　防火査察

「防火査察」の目的は、火災危険の排除です。防火査察は、立入検査から始まり、消防法令違反の是正指導、違反処理まで続きます。

立入検査では、消防対象物や危険物施設に立ち入り、検査と質問によって現状の確認を行います。その結果は、立入検査結果の通知書を作成し、違反の指摘事項を是正すべき者に交付します。

違反の是正指導を行っても違反が是正されないときは、警告、命令、告発などの違反処理を行います。

キーワード
- 防火査察
- 立入検査
- 警告
- 命令
- 告発

消防法は、生命・身体・財産を火災から守るため、国民に火災予防に関する様々な義務を定めています。しかし、それらは必ずしも自主的に守られるとは限りません。関係者が法に定める義務を果たすよう、消防機関から働き掛けを行う必要があり、その一つの「防火査察」について説明します。

1 防火査察

防火査察は、消防法で規定されている用語ではありません。いわゆる査察業務全般を指す言葉で、出火、延焼拡大、避難障害などの危険性を排除することが目的です。

消防法は、火災予防上の最低限のルールとして、防火管理者の選任や消防用設備等の設置など、防火対象物の関係者などが果たすべき義務を定めています。しかし、関係者の自主防火だけでは義務が履行されているとは限りません。

防火査察は、「立入検査により、消防法令違反や火災危険を察知すること」と「違反の是正指導により、関係者に違反の是正や火災危険の排除を働きかけること」の大きく二つの内容に分けられます。

防火査察の流れは、立入検査から法令違反があった場合の是正指導までで、是正が完了するまで続きます（図）。

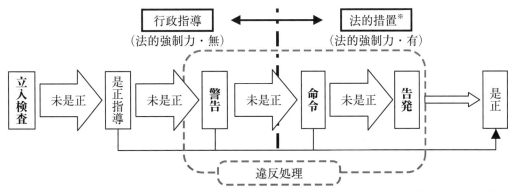

※　「法的措置」とは行政手続法に定義する「処分」と同義語として使用しています。「行政指導」と「処分」については、テーマ31「予防業務と行政手続法の関係」で説明します。

図　防火査察の流れ

2 立入検査

　立入検査は検査と質問により、防火対象物の維持管理状況をハードとソフトの両面から確認し、その結果を通知する行為です。

　スムーズな立入検査を実施するためには、関係法令、各種届出や過去の立入検査の結果を確認し、問題点の把握など、事前の検討が重要です。

　立入検査の当日は、関係する法令の適合状況の確認をするとともに、実際の状況と事前に把握している情報とを比べて、変更点の有無などを忘れずにチェックします。例えば、従前は事務所であった場所が飲食店に変わっているというように、使用実態などの現状が変更している場合は、新たな違反が発生している可能性があるので注意が必要です。

　立入検査の結果は、違反の有無にかかわらず、原則として事業所ごとに通知します。この通知書には、立入検査の結果、違反があったかどうか、また、どのような違反があったかを記載します。

　消防法だけでなく、市町村ごとの火災予防条例や建築基準法なども違反を指摘する根拠となります。検査で把握した違反の指摘事項を漏れなく記載し、通知することは、関係者に法令違反を知らせ、自主的に是正することを期待するためです。

　立入検査で指摘漏れがあると、次回の立入検査で消防署の担当者だけでなく関係者も大変戸惑うことになりますので、特に注意する必要があります。

　また、立入検査結果を誰に通知するか、いわゆる名宛人の特定も重要です。名宛人とは、立入検査結果を通知する宛名を指しており、違反があったときに是正する義務を負う責任者で、一般的に防火対象物のオーナー、テナントの経営者が該当します。立入検査の際、名宛人を十分に確認し、誤りのないようにしなければなりません。

　これは、違反を是正しなければならない立場や責任のある者に知らせなければ、違反の是正が期待できないためです。また、1棟の中に複数の関係者が入居している防火対象物で自動火災報知設備が未設置の場合、誰が違反を是正するかについて、当事者間で合意がなかったり、争いになったりするときがあります。このような場合は、是正すべき関係者全員に対して通知する必要があります。

3 違反の是正指導

　違反是正に向けた働き掛けは、法的強制力の有無で「行政指導」と「法的措置」に分けられます。また、一般的に違反処理とは、法的措置の「命令」、「告発」に加え、行政指導に当たる「警告」を含めた総称と定義されています（図）。

　立入検査の結果、違反があった場合は、関係者に対して違反が生じた理由の確認とともに、規制の意味や理由、違反によって生じる火災危険について丁寧に説明した上で、違反是正を指導します。

　違反は、消防用設備等の設置が必要な場合など、即日で対応できるものばかりではありません。そのため、関係者に改修計画の報告書の提出を求め、これによって是正計画を確認し、提出されない場合は、提出を求めて違反の是正指導を進めていきます。具体的には、電話や現地出向などで、関係者の改修意思や改修の進捗状況などを確認します。時間や経費が掛かる違反是正には、消防職員の粘り強い指導が必要な場合もあります。

　指導を繰り返しても関係者が違反を是正しなければ、消防機関は警告や命令などの違反処理を行うことになります。違反処理は是正を強制する業務なので、強制する相手と強制する内容を間違えないようにしなければなりません。具体的には、違反事案に関する実況の見分と写真撮影などの記録、違反者等から違反事案に係る供述の録取、証拠となりそうな書類や物件の収集のほか、権利関係を明確にするた

め、登記や住民票の取得を通じて、違反を構成する事実を固めます。

違反処理は、関係者に法令上の義務を強制するため、内容は必要最小限にしなければなりません。また、原則として強制力の弱いものから段階的に行います。

(1) **警告**

警告は、命令や告発の前段として行う行政指導であり、警告自体に法的な強制力はありません。しかし、消防法令違反に対する法的措置を予告するため、違反是正を促す効果は高くなります。「○○するよう警告する。なお、警告に従わない場合は法律に基づく措置を取る。」という文面の警告書を相手に交付します。

(2) **命令**

命令は、消防機関が消防法の命令規定に基づき、具体的事実に関し、違反の是正又は具体的な火災危険の排除を義務付けることです。命令は「行政処分」であり、法的な強制力があるという点で警告や警告より前に行ってきた違反の是正指導のような「行政指導」とは異なります。

命令は、関係者に「○○するよう命令する。なお、命令に従わない場合は消防法により処罰されることがある。」という文面の命令書を交付することで行います。「命令」の根拠条文は、消防法第5条の3第1項や同法第17条の4第1項など「消防は××に○○を命ずることができる」と書いてある条文です。命令には、違反の是正指導から段階を踏んで発する命令と、緊急時に発する命令があります。

例えば、消防法第8条第3項に基づく「防火管理者選任命令」や同法第17条の4第1項に基づく「消防用設備設置命令」は、具体的な火災危険の発生には至っていないものの、何らかの消防法令違反があるときに発令します。

緊急時に発する命令には、消防法第5条の3第1項に基づく「物件除去命令」や同法第12条の3第1項に基づく「緊急使用停止命令」などがあります。これらは、火災の危険性を条件として発することができ、命令を受ける者の法令違反の事実は必ずしも必要ありません。ガソリンスタンドの直近で火災が延焼中であるときの給油業務の停止命令は、典型的な例です。

(3) **告発**

公務員は、職務において犯罪と思われる事案があったときは、刑事訴訟法第239条第2項に基づき、捜査機関に犯罪事実を申告し、処罰を求めなければなりません。これを告発といいます。告発により捜査機関と裁判所によって、違反者の処罰に係る裁判等が行われ、有罪となれば違反者は罰金や拘禁刑などの刑に処されます。

なお、有罪判決が確定し刑に処されても、違反を是正しないこともあります。この場合、法令違反の事実や火災危険は依然として存続しているため、再び違反者に是正を強制する必要があります。つまり、消防機関は、違反の是正を確認するまで、繰り返し命令し、告発することになります。

防火査察の業務は、多岐にわたります。これは消防法を守ってもらう難しさの裏返しともいえます。しかし、消防の目的である「国民の生命・身体・財産を火災から守る」ために、立入検査で確認した法令違反は、時機を失することなく、違反処理しなければなりません。

テーマ24　消防用設備等の点検報告

消防法では、防火対象物の所有者、管理者、占有者といった関係者に対して、消防法令に基づき設置されている消防用設備等や特殊消防用設備等の定期的な点検と、その結果の消防機関への報告が義務付けられており、一般的に消防用設備等点検報告制度と呼ばれます。

この制度は、いつ火災が発生しても消防用設備等が確実に作動し、火災による被害を最小限に抑制できるように防火対象物の関係者に維持管理させることを目的としています。

点検は、消防庁告示で定められた「点検基準」に基づき実施し、その点検結果を「消防用設備等点検結果報告書」として防火対象物の関係者が定められた期間内に消防機関へ報告することとしています。

キーワード
- ☐ 消防用設備等
- ☐ 点検報告
- ☐ 点検基準
- ☐ 点検要領

1　制度の成り立ち

自動火災報知設備に代表される消防用設備等は、火災が起きたときに確実に作動するように、日頃からの維持管理が大切となります。そこで、消防法第17条の3の3では、防火対象物の所有者、管理者、占有者といった関係者に対して、消防用設備等の点検などによる維持管理を義務付けています。

関係者が消防法により設置義務のある消防用設備等を点検し、その結果を消防機関に報告する制度で、一般的に「消防用設備等点検報告制度」と呼ばれています。なお、消防用設備等点検報告の義務は、消防法で設置義務のない、いわゆる自主設置の設備や、建築基準法などの他法令で設置する義務のある設備には生じません。しかし、設置している以上は有効に機能できるよう、日頃からの維持管理が望まれます。

この制度は、二つの大きな災害をきっかけに、消防用設備等の機能不良や管理不適などの指摘と消防用設備等の自主的な維持管理が十分でない実態が明らかとなったことを受け、昭和49年6月1日法律第64号で消防法が改正され、昭和50年4月1日から施行されました。

この二つの大きな災害とは、千日デパートビル火災と大洋デパート火災です。

千日デパートビル火災は、昭和47（1972）年5月13日に大阪市南区難波新地で発生した複合用途の雑居ビル火災で、消防用設備等の不備や避難誘導の遅れのほか、防火扉や防火ダンパーといった防火設備が作動しなかったことによりダクトやエレベータシャフトを通して建物上階に煙が充満し、被害が拡大して死者118名を出す惨事となりました。

また、大洋デパート火災は、昭和48（1973）年11月29日に熊本市中央区下通で発生した百貨店火災で、スプリンクラー設備などの消防用設備等が工事中であったため作動せず、被害が広がり、死者103名を出す惨事となりました。

2　制度の概要

(1) 点検の種類等

消防用設備等の点検には、「機器点検」と「総合点検」の2種類の点検があります。機器点検は主

に外観の確認や簡易な操作により機能の確認を行うもので、総合点検は実際に設備を作動させて総合的な機能の確認を行うものです。

点検期間は、「機器点検」が6か月、「総合点検」が1年と規定されており、期間内の点検が必要になります。(注)

点検項目は消防庁告示の「点検基準」で、点検項目の具体的な点検方法や判定方法は消防庁通知の「点検要領」で定められています。

(2) 点検実施者

点検の実施者は、防火対象物の規模や用途によって異なります（消防法施行令第36条）（表1）。

表1　消防設備士又は消防用設備点検資格者が点検する防火対象物

防火対象物の区分	点検できる者
消防法施行令別表第1(1)項から(4)項まで、(5)項イ、(6)項、(9)項イ、(16)項イ、(16の2)項及び(16の3)項に掲げる防火対象物で、延べ面積が1,000㎡以上のもの	消防設備士　消防設備点検資格者
消防法施行令別表第1(5)項ロ、(7)項、(8)項、(9)項ロ、(10)項から(15)項まで、(16)項ロ、(17)項及び(18)項に掲げる防火対象物で、延べ面積が1,000㎡以上のもののうち、消防長又は消防署長が火災予防上必要があると認めて指定するもの	
消防法施行令別表第1(1)項から(4)項まで、(5)項イ、(6)項又は(9)項イに掲げる防火対象物の用途に供される部分が避難階以外の階に存する防火対象物で、当該避難階以外の階から避難階又は地上に直通する階段が二（当該階段が屋外に設けられ、又は総務省令で定める避難上有効な構造を有する場合にあっては一）以上設けられていないもの	
上記各欄に掲げる以外のもの	消防設備士　消防設備点検資格者　関係者

防火対象物の延べ面積が1,000㎡以上等、**表1**上段に該当する場合は、資格者が点検を行わなければなりません。資格者とは、消防用設備等の工事や整備等に必要な知識及び技能を有する消防設備士のほか、消防設備点検資格者が該当します。それ以外の防火対象物では、資格者の点検が義務付けられていないため、防火対象物の関係者自身や防火管理者などが点検できることになります。

しかしながら、点検を行うに当たって、消防用設備等の仕組みを理解し、点検基準に基づき、点検機器を正しく使用できる知識や技術が必要であるため、有資格者の実施が望ましいといえます。

(3) 特殊消防用設備等の点検

特殊消防用設備等とは、科学技術の進歩などにより新たに開発された特殊な設備で、従来の基準で定める消防用設備等の仕組み、使用方法、機能などとは異なります。そのため、特殊消防用設備等ごとに、設備等設置維持計画を定め、この計画に基づき点検を実施することとなっています。

(4) 報告方法

防火対象物の関係者は、消防庁告示に定める「点検結果報告書」及び「点検票」（図1）に必要事項を記載して防火対象物が所在する市町村の消防長又は消防署長へ報告します。

報告期間は、特定用途が1年に1回、非特定用途が3年に1回となっています。(注)

また、消防用設備等の点検結果を報告しなかった場合や、虚偽の報告をした場合は、罰金や拘留などの罰則が科せられます。

(注)新型インフルエンザ等その他の消防庁長官が定める事由により、規定する期間ごとに点検を行い、又はその結果を報告することが困難であるときは、消防庁長官が当該事由を勘案して定める期間ごとに当該点検を行い、又はその結果を報告します。

別記様式第１

消防用設備等（特殊消防用設備等）点検結果報告書

年　月　日

消防長（消防署長）（市町村長）　殿

届 出 者

住　所

氏　名

電話番号

下記のとおり消防用設備等（特殊消防用設備等）の点検を実施したので、消防法第17条の３の３の規定に基づき報告します。

記

防火対象物	所在地	
	名称	
	用途	
	規模	地上　階　地下　階　延べ面積　m²
消防用設備等（特殊消防用設備等）の種類等		

※受付欄	※経過欄	※備考

備考　1　この用紙の大きさは、日本産業規格Ａ４とすること。
2　消防設備士又は消防設備点検資格者が点検を実施した場合は、点検を実施した全ての者の情報を別記様式第３に記入し、添付すること。
3　消防用設備等又は特殊消防用設備等ごとの点検票を添付すること。
4　※印欄は、記入しないこと。

点検結果報告書

別記様式第１　（その１）

消火器具点検票

名称		防火管理者	
所在		立会者	
点検種別	機器点検	点検年月日	年　月　日～　年　月　日
点検者	氏名	点検者所属会社	社名　TEL 住所

点検項目		点検結果								措置内容
		消火器の種別						判定	不良内容	
		A	B	C	D	E	F			
機器点検										
設置状況	設置場所									
	設置間隔									
	適応性									
	耐震措置									
表示・標識										
消火器の外形	本体容器									
	安全栓の封									
	安全栓									
	使用済みの表示装置									
	押し金具・レバー等									
	キャップ									
	ホース									
	ノズル・ホーン・ノズル栓									
	指示圧力計									
	圧力調整器									
	安全弁									
	保持装置									
	車輪（車載式）									
	ガス導入管（車載式）									

備考　1　この用紙の大きさは、日本産業規格Ａ４とすること。
2　消火器の種別欄は、該当するものについて記入すること。Ａは粉末消火器、Ｂは泡消火器、Ｃは強化液消火器、Ｄは二酸化炭素消火器、Ｅはハロゲン化物消火器、Ｆは水消火器をいう。
3　判定欄は、正常の場合は〇印、不良の場合は不良個数を記入し、不良内容欄にその内容を記入すること。
4　選択肢のある欄は、該当事項に〇印を付すこと。
5　措置内容欄には、点検の際措置した内容を記入すること。

点検票

図1　点検結果報告書の様式及び点検票の様式抜粋（例：消火器具）

3　点検結果報告書の受付　□□□

(1)　受付時の対応

点検報告の受付の際は、防火対象物に設置されている消防用設備等について把握している情報などを基に点検報告内容と照らし合わせ、不明な点については防火対象物の関係者や点検実施者に確認するなどして、内容が適切である場合に受理します。持参された書類に不備がある場合は、補正若しくは再提出等を指導します（**表2**）。

表2　受付時の主な確認項目

1	届出者・防火管理者・立会者の適正な記載
2	定められた期間内の点検及び報告
3	点検した消防用設備等の点検票の添付
4	消防用設備等に応じた点検資格を有した点検実施者
5	消防用設備等に応じた適正な点検内容
6	消防用設備等に応じた適正な点検機器の使用
7	点検結果の不良内容等の改修状況

点検会社が点検を行った場合は、一般的に点検会社の担当者が防火対象物の関係者、防火管理者、点検に立ち会った者などに対して点検内容な

どを確認した上で、必要な書類を作成します。

受付において、点検結果報告書の点検期間、防火対象物の用途や構造・規模の欄や点検票の立会者の欄等が空欄で提出される場合がありますので、記入漏れがないか確認することが必要です。また、点検結果報告書の届出者の欄は、原則として防火対象物のオーナー（法人の場合は法人代表者）などの届出義務者の記名が必要ですので、誤りがないか質問等による確認が必要です。

一方、点検内容の確認も必要です。例えば、消火器では製造年から一定の期間を経過した場合、外形のみだけでなく、放射能力などの内部・機能点検の必要があるにもかかわらず、点検票の点検結果に記載がないことがあります。また、連結送水管では、設置後10年を経過した配管は3年ごとに所定の水圧をかけて耐圧性能を点検しなければなりません。そのため、点検結果に未実施と記載があった場合、点検の実施予定等の確認を忘れてはなりません。

さらに、点検結果における消防用設備等に損傷や機能不良や基準どおり設置されていないなどの不備内容で改修されていない場合、速やかに改修するよう指導し、受付した点検結果内容は、次回の立入検査出向時の資料などに活用します（**図2**）。

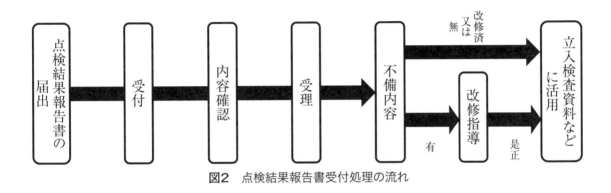

図2 点検結果報告書受付処理の流れ

(2) 書類の保存

防火対象物の関係者は、点検結果報告書などを「維持台帳」にとじて原則3年間保存しなければなりません。「維持台帳」とは、消防法施行規則第31条の6に基づき防火対象物に設置された消防用設備等の構造、性能等や設置時からの状態（履歴）を明確にしたもので、消防用設備等に関する図書や書類などをつづったものです。

立入検査の際、消防計画などと併せて「維持台帳」が適正に保存されているかの確認も忘れてはなりません。

点検報告制度の目的は、防火対象物に設置されている消防用設備等を点検し、その結果を定期的に消防機関へ報告させることにより、防火対象物の関係者による自主的な消防用設備等の維持管理を徹底させることです。

そのため、消防署での点検報告受付時には、記載漏れ、点検時の防火管理者等の立会い、不備事項の改修状況などはもちろん、立入検査時の機会をとらえ、消防用設備等の点検が適正に行われているかどうか、また、点検の結果、不備箇所が適正に改修されているかなどについて確認するよう心掛ける必要があります。

テーマ25　危険物

　一般的な危険物は様々な法律で規制を受けていますが、その中でも消防法により規制を受けるものは、ガソリンやアルコールなど日常の生活に関係しているものが多く、火災危険の高い物質です。消防法では、それらの危険物による火災等の災害が発生しないように、貯蔵・取扱いの基準及び施設の位置・構造・設備の基準を定めています。

　危険物は、危険性に応じて指定数量が定められており、指定数量以上であるか、未満であるかによって規制が異なります。

キーワード
- 危険物の貯蔵、取扱い、運搬
- 指定数量
- 危険物が含まれる製品

1　危険な物質

　一般の人は危険物と聞くとどのようなものを想像するでしょうか？
　私たちの生活環境を構成する物の中には、火災、爆発、中毒その他の災害に結び付くおそれのある危険な物質が数多く存在します。それらは、プロパンガス、都市ガス、水素ガスのような気体の状態のものもあれば、ガソリン、灯油、アルコールのように液体の状態のものもあり、また、金属粉、りん、金属ナトリウムのように固体の状態のものなど様々です。
　これらの危険性を考えてみると、火薬類や高圧ガスのように主に「爆発」という瞬時のエネルギー放出が最も脅威となるものや、ガソリンなどの石油類のように「火災」という燃焼現象に顕著な危険性を有するものがあります。また、その他毒物、放射性物質さらには細菌のように人体の健康状態を損なうものなど、様々なものがあります。

2　危険な物質を規制する法律

　危険な物質の貯蔵や取扱いを無秩序に行った場合、事故の発生等により私たちの社会生活は混乱し、生命、身体及び財産は重大な危機にさらされる可能性があります。そこで、危険な物質の性状、危険性の度合い、保管場所、取扱場所、用途などから、特定の危険な物質を「危険物」「危険性物質」「有害物質」などの言葉を用いて、様々な法律で規制しています（**表1**）。

表1　危険な物質を規制する法律

①　消防法
②　高圧ガス保安法
③　毒物及び劇物取締法
④　医薬品、医療機器等の品質、有効性及び安全性の確保等に関する法律
⑤　火薬類取締法
⑥　労働安全衛生法
⑦　建築基準法
⑧　放射性同位元素等の規制に関する法律
⑨　液化石油ガスの保安の確保及び取引の適正化に関する法律
⑩　石油パイプライン事業法

3 消防法に規定する「危険物」とは

　消防法では、主に化学的な危険性に基づく火災危険の高い物質を「危険物」と指定して、これらの貯蔵・取扱い等に必要な規制をしています。

　法令集を見ると、具体的に危険物という言葉が出てくるのは、消防法第2条第7項です。ここでは「危険物とは、別表第1の品名欄に掲げる物品で、同表に定める区分に応じ同表の性質欄に掲げる性状を有するものをいう。」と定義され、**表2**のように第一類から第六類まで分類されています。

　危険物の類別に整理された性質を見ても、専門的に化学を学んだ人でないと理解しにくいところがあると思います。一般に、消防法上の危険物は固体又は液体であり、気体はありません。また、それ自体が発火又は引火しやすい危険性がある物質だけでなく、他の物質と混在することで燃焼を促進させる物質も含まれています。プロパンガスやアセチレンガス等の可燃性のガスである気体は、火を付けると燃える性質がありますが、消防法では危険物に当たりません。

表2　危険物の性質の概要

類別	性質	性質の概要
第一類	酸化性固体	そのもの自体は燃焼しないが、他の物質を強く酸化させる性質を有する固体で、可燃物と混合したとき、熱、衝撃、摩擦によって分解し、極めて激しい燃焼を起こさせる危険性を有する。(例：塩素酸塩類、硝酸塩類など)
第二類	可燃性固体	火炎によって着火しやすい固体又は比較的低温(40℃未満)で引火しやすい固体であり、燃焼が速く消火することが困難である。(例：硫化りん、赤りん、硫黄など)
第三類	自然発火性物質及び禁水性物質	空気にさらされることにより自然に発火する危険性を有し、又は水と接触して発火し若しくは可燃性ガスを発生するもの。(例：カリウム、ナトリウム、アルキルリチウムなど)
第四類	引火性液体	液体であって引火性を有する。(例：ガソリン、軽油など)
第五類	自己反応性物質	固体又は液体であって、加熱分解などにより、比較的低い温度で多量の熱を発生し、又は爆発的に反応が進行するもの。(例：有機過酸化物、ニトロ化合物など)
第六類	酸化性液体	そのもの自体は燃焼しない液体であるが、混在する他の可燃物の燃焼を促進する性質を有する。(例：硝酸、過酸化水素など)

4 消防法による危険物の規制

　消防法で規定された危険物がどのような規制を受けるかについて説明します。

　消防法第3章で、基本的な事項が規定され、さらに同法に基づく政令、省令、告示及び市町村条例により細部にわたる基準が定められています。

　消防法において危険物の規制は、**図1**の(1)〜(5)のように分けられます。**図1**で、指定数量という言葉が出てきますが、第9条の4において「その危険性を勘案して政令で定める数量」と規定されています。具体的には、危険物の規制に関する政令別表第3にガソリンは200L、アルコールは400Lなど、危険物ごとに定められています。簡単な言い方をすれば、指定数量の少ない危険物ほど危険性が高いといえます。例えばガソリンを250L貯蔵していた場合、ガソリンの指定数量は200Lなので、指定数量以上の貯蔵になり(1)の規制を受けます。180L貯蔵していた場合は、指定数量未満の貯蔵になるので、(4)の規制を受けます。法と条例という規制の違いはありますが、(1)も(4)も危険物に対する貯蔵・取扱いの基準及び危険物施設に対する位置・構造・設備の基準が定められている点は同じです。また、指定数量の倍数に

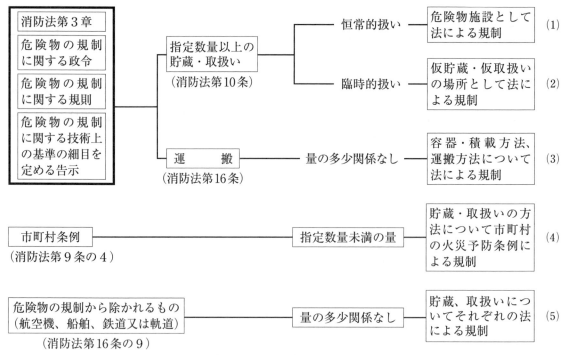

図1　消防法における危険物規制の概要

よって、規制の基準等が異なることがあります。

　指定数量の倍数の算定方法は消防法第10条第2項に規定されており、「別表第1に掲げる品名又は指定数量を異にする二以上の危険物を同一の場所で貯蔵し、又は取り扱う場合において、当該貯蔵又は取扱いに係るそれぞれの危険物の数量を当該危険物の指定数量で除し、その商の和が一以上となるときは、当該場所は、指定数量以上の危険物を貯蔵し、又は取り扱っているものとみなす。」とされています。

　指定数量の倍数の計算例は、**図2**のようになります。

例　題
　同一の場所においてエタノール200L、ガソリン100Lをそれぞれ貯蔵している場合、指定数量の何倍の危険物を貯蔵していることになるか。

解　答
　エタノールは第四類のアルコール類に該当し、指定数量は400L、ガソリンは第四類・第一石油類の非水溶性液体で指定数量は200Lです。
　したがって、

$$\frac{エタノールの貯蔵量}{エタノールの指定数量} + \frac{ガソリンの貯蔵量}{ガソリンの指定数量}$$

$$= \frac{200}{400} + \frac{100}{200} = \frac{1}{2} + \frac{1}{2} = 1$$

となり、当該貯蔵所では、指定数量の1倍の危険物を貯蔵していることになります。

図2　指定数量の倍数の計算例

(1) 指定数量以上の危険物の貯蔵又は取扱い

指定数量以上の危険物の貯蔵・取扱いは、消防法第10条から第16条の9に基本的な事項が規定されており、原則として危険物施設で行わなければならないとされ、これらの基準及び位置・構造・設備の技術上の基準が定められています。

危険物施設は、製造所、貯蔵所及び取扱所の三つに区分されています。例えば、製造所は原油を精製してガソリン、灯油などを製造する石油精製プラント等、貯蔵所は容器に入った危険物を倉庫に入れて貯蔵する施設等、取扱所は危険物を給油するガソリンスタンド等が該当します。

(2) 危険物の仮貯蔵・仮取扱い

指定数量以上の危険物の臨時的な貯蔵又は取扱いまで一律に規制することは、実情に合わないため、消防法第10条第1項のただし書きによって、仮貯蔵・仮取扱いという例外の規定が設けられています。指定数量以上の危険物であっても、貯蔵、取扱いの期間が10日以内であれば、所轄消防長又は消防署長の承認を受けて、製造所等以外の場所で貯蔵し又は取り扱うことができます。例えば、外壁の塗装でシンナー等を使用する場合などに、この制度が適用されています。

(3) 危険物の運搬等

運搬は、消防法第16条に規定されており、容器に入れた危険物をある場所から他の場所に移動することをいいます。危険物の量に関係なく、法、政令、省令及び告示において、運搬容器、積載方法及び運搬方法について基準が定められています。例えば、ドラム缶に詰めた灯油を充填工場から倉庫に輸送するときなどが該当し、基準に適合しないと運搬することができません。

(4) 指定数量未満の危険物の貯蔵又は取扱い

消防法第9条の4により、市町村の火災予防条例において、その基準が定められています。

(5) 危険物の規制から除かれるもの（消防法の適用除外）

消防法第16条の9により、消防法上の危険物の貯蔵、取扱い及び運搬に関する基準は、航空機、船舶、鉄道又は軌道による危険物の貯蔵、取扱い又は運搬には適用されません。これは、航空機等による危険物の貯蔵、取扱い及び運搬は、航空法、船舶安全法、鉄道営業法、軌道法その他の関係法令により規制が行われているためです。

5 消防法で規定される危険物が含まれる製品

私たちが普段から何気なく使用している日用品にも、消防法で規定される危険物が含まれる製品がたくさんあります。例えば、消毒用アルコールやアロマオイル、化粧品などです（表3）。これらは、取扱方法を誤ると大きな事故につながりかねません。危険物が含まれる製品に係る事故としては次のようなものがありますので、これらを参考に適切な指導を行っていただきたいと思います。

表3　危険物が含まれる日用品

燃料	・ガソリン　・軽油　・灯油
化粧品	・マニキュア　・除光液
塗料	・合成樹脂塗料　・ラッカーシンナー
文房具	・接着剤　・油絵用とき油
その他	・防水スプレー　・植物油 ・アウトドア用助燃剤(主成分としてアルコール類を使用) ・アロマオイル　・高濃度アルコール飲料(ウォッカなど)

例1　アロマオイルに係る火災事故

　　アロマオイルを含んだタオルを洗濯し、衣類乾燥機で乾燥した後、タオルをドラム内に入れたまま放置したため、タオルに残存していたアロマオイルが酸化発熱反応を起こして出火し、火災に至ったもの

例2　化粧品に係る火災事故

　　除光液を床のカーペットにこぼしたことに気付かないまま、タバコを吸おうとしてライターを点火したため、除光液の可燃性蒸気に引火し、火災に至ったもの

例3　燃料に係る火災事故

　　石油ストーブの燃料を補給するため、ストーブの火を消さずにカートリッジタンクを抜いた際、キャップが完全に閉まっていなかったため、灯油がストーブに掛かり火災に至ったもの

例4　高濃度アルコールに係る火災事故

　　グラスにウォッカ（アルコール度数97度）を入れ、ライターで火を付けた直後、バランスを崩して自分の胸元にウォッカをこぼしたため、着ていたTシャツに燃え移り、全身に熱傷を負ったもの

テーマ26　危険物施設

ガソリンスタンドやタンクローリーなど、危険物施設の種類は様々で、外観は事務所ビルに見えても、消防法では危険物施設に扱われるものもあります。

危険物施設は大きく製造所、貯蔵所、取扱所の3種類に、さらにこれらを細かく12種類に分類しています。危険物施設は分類ごとに消防法上の規制が定められているため、新規の設置等に伴う相談において、施設の区分を正確に判断することは、施主や業者等に対しての指導の第一歩になります。

キーワード
- □ 危険物施設
- □ 製造所
- □ 貯蔵所
- □ 取扱所

1　危険物施設とは

皆さんは、危険物施設と聞いて、どのようなものを思い浮かべますか。日常生活の中でよく利用するのが、ガソリンスタンドだと思います。消防法において、ガソリンスタンドは危険物施設の中の給油取扱所に該当します。また、車両の前後に「危」の標識を付けたタンクローリーは、移動タンク貯蔵所という危険物施設になります。

危険物施設は、危険物の貯蔵、取扱いの形態によって、消防法において区分されます。また、指定数量以上の危険物を貯蔵又は取り扱う施設は、危険物の規制に関する政令（以下このテーマ中において「危政令」という。）により、位置、構造、設備等の技術基準の規制を受けます。

危険物施設の区分を判断することは、施主や業者等の指導において、技術基準を適用する上で、大切な第一歩です。

それでは、危険物施設にはどのようなものがあるかについて説明します。

2　危険物施設の種類

危険物施設は、製造所、貯蔵所、取扱所の三つに大別されます（図）。

一つ目の製造所は、作業工程の中で「危険物を製造する施設」が該当します。例えば、Aの物質とBの物質を混ぜ合わせ、Cという物質を作る施設があるとします。このCの物質が危険物であれば、AとBが危険物であるか否かに関係なく、「危険物を製造する」ことに該当するため、この施設は製造所になります。

二つ目の貯蔵所は、「危険物を貯蔵する」目的で使用するものです。消防署の裏庭などで見かける発動発電機の燃料を貯蔵している倉庫は、屋内に危険物を貯蔵しているので、屋内貯蔵所といいます。地下タンクという言葉を聞いたことがあると思いますが、貯蔵所の一つである地下タンク貯蔵所に該当します。

三つ目の取扱所は、危険物を取り扱う目的で使用するものです。ガソリンスタンドは、消防法では給油取扱所に区分されます。

「給油取扱所は、地下に貯蔵タンクが埋まっており、地上部分では車に燃料を入れて（取扱い行為）いるため、二つの危険物施設ではないか」という疑問がわくかもしれません。しかし、危政令第17条によ

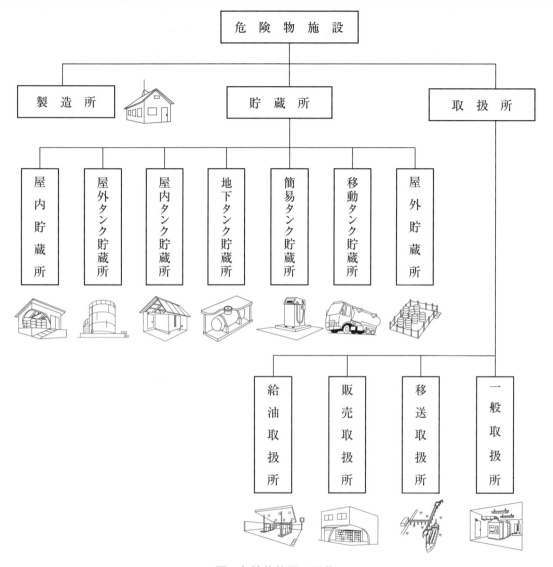

図　危険物施設の区分

り、給油取扱所の地下貯蔵タンクは、専用タンクと位置付けされ、給油取扱所の一部として扱われています。

3　危険物施設の細区分　□□□

　前2の3種類の細区分としては、製造所が1種類、貯蔵所が7種類、取扱所が4種類の合計12種類です。

(1)　**製造所(危政令第9条)**

　　細区分はなく、製造する工程があれば、製造所となります。

(2)　**貯蔵所**

　　屋内貯蔵所、屋外タンク貯蔵所、屋内タンク貯蔵所、地下タンク貯蔵所、簡易タンク貯蔵所、移動タンク貯蔵所、屋外貯蔵所の7種類があります。

　ア　**屋内貯蔵所**（危政令第10条）

容器に収納した危険物を貯蔵倉庫において貯蔵し、又は取り扱う施設です。この施設は、貯蔵倉庫の階数、面積、軒高等を制限し、危険性を増大させないように基準が定められています。
（例：油庫、工場などで使用する危険物の保管庫）

イ 屋外タンク貯蔵所（危政令第11条）

危険物を屋外のタンクにおいて貯蔵し、又は取り扱う施設です。この施設は、貯蔵量の差が大きく、1kLのタンクもあれば、1,000kLのタンクもあります。1,000kL以上を「特定屋外タンク貯蔵所」、500kL以上1,000kL未満を「準特定屋外タンク貯蔵所」、500kL未満を「特定・準特定以外の屋外タンク貯蔵所」と、三つの種別に分け、それぞれ基準が設けられています。
（例：燃料輸送所、工場などで大量の危険物を使用する場合の貯蔵タンク）

ウ 屋内タンク貯蔵所（危政令第12条）

危険物を屋内のタンクにおいて貯蔵し、又は取り扱う施設です。この施設は、火災時における屋内の他の部分への影響や消防活動等を考慮し、原則、平家建ての建築物内に設置することとされています。平家建ての建築物以外に設置することもできますが、危険物の種別や位置、構造、設備に係る基準が厳しくなります。

エ 地下タンク貯蔵所（危政令第13条）

地盤面下にタンクが埋設された施設です。地下タンク貯蔵所には、タンク自身を直接地盤面下、いわゆる地下部分に直接埋設する方式や地下部分にタンク室を造ってその中にタンクを設置する方式、タンクの周りにコンクリートを巻く方式など様々な形体があります。タンク本体についても、1枚の鋼板で造られているものや、鋼板にFRP（ガラス繊維強化プラスチック）を巻いた二重のタンクなど様々です。

なお、タンク本体の腐食による危険物流出事故の増加を踏まえて、平成22年6月28日総務省令第71号で改正があり、1枚の鋼板で造られたタンクの中で危険性の高いものに、流出防止対策が必要になりました。現在も、多くの事業所に対してこの対策を指導しているところです。

オ 簡易タンク貯蔵所（危政令第14条）

600L以下のタンクを屋外や屋内に設置する施設です。車両にガソリン等をノズルから給油する機器を固定給油設備といいます。簡易タンク貯蔵所は、固定給油設備の箱体の中に、直接危険物タンクを設けているものが一般的です。他の貯蔵所と比較して、収容できる危険物の量が600L以下と少ないため、施設数は多くありません。

カ 移動タンク貯蔵所（危政令第15条）

容量が30kL以下に制限された動く危険物施設です。この施設は、いわゆるタンクローリーで、主に給油取扱所や地下タンク貯蔵所にガソリン、軽油等の燃料を供給する施設です。「荷卸し」、「荷積み」という言葉をよく聞きますが、前者は「ガソリンスタンド等の貯蔵タンクに燃料を入れること」、後者は「タンクローリーの貯蔵タンクに燃料を入れること」をいいます。

キ 屋外貯蔵所（危政令第16条）

危険物施設は、建築物等の屋内に設置されることが一般的と思われるかもしれませんが、屋外に直接危険物の入った金属製ドラム缶等を設置する施設もあります。この施設は、柵等が周囲にあり、施設の外から直接危険物の入った容器が見えます。屋外でドラム缶等を野積みするため、屋内の倉庫などに比べて温度管理が難しく、周囲への危険性も高いことから、ガソリンなど引火点、発火点の低い危険物は貯蔵できません。

ところで、引火点とは「火炎を近づけた際、瞬間的に引火する最低温度」、発火点とは「加熱した際に、火源がなくても発火する最低温度」をいいます。

なお、貯蔵所において、貯蔵中のドラム缶等から携行式金属缶に小分けする行為は、「貯蔵に伴う取扱い」とされており、貯蔵所内で行うことができます。

(3) **取扱所**

給油取扱所、販売取扱所、移送取扱所、一般取扱所の4種類があります。

ア　給油取扱所（危政令第17条）

車両に燃料を給油したり、ストーブの燃料等に使用される灯油をポリタンクに注油する施設です。車両の燃料タンクに直接燃料を入れる行為を給油、ポリタンクなど容器に入れる行為を注油といい、それぞれの機器を固定給油設備、固定注油設備といいます。

給油取扱所には、一般の方を対象とした営業用給油取扱所と、運送会社の敷地にあるような第三者が使用しない自家用給油取扱所があり、さらに屋外使用と屋内使用では、それぞれ基準が異なります。

イ　販売取扱所（危政令第18条）

店舗において、容器のまま危険物を販売する施設です。この施設は、店舗の危険物の保有量によって第一種又は第二種に区分され、それぞれに基準が設けられています。

（例：塗料店、燃料店、化学薬品店）

ウ　移送取扱所（危政令第18条の2）

配管により危険物を移送する、いわゆるパイプライン施設です。この施設は町中ではあまり見かけない施設で、配管が第三者の敷地を通過するものです。

エ　一般取扱所（危政令第19条）

前ア、イ、ウ以外の危険物取扱所が該当します。この施設は多くの形態があり、工場などで見られる危険物施設の多くは、(1)の製造所に該当しなければ、一般取扱所に該当します。その他、指定数量以上の危険物を1日で消費する発電機は、一般取扱所（ボイラー消費）に、移動タンク貯蔵所に危険物を荷積みする施設は、一般取扱所（ローリー充填）になります。

（例：吹付塗料作業等を行う施設、詰替えを行う施設）

4　まとめ

事業所等に危険物施設を設置しようとする段階で、消防署に相談が寄せられると思います。危険物施設の区分を誤って判断すると、本来該当すべき基準に適合しなくなるおそれがあることを念頭に対応しましょう。

テーマ27　危険物施設における危険物取扱者などの人的規制

　消防法により、危険物施設は位置、構造及び設備に関する施設面の規制に加えて、危険物施設に携わる人の役割や責任を明確にすることにより安全を確保しています。危険物施設における危険物の取扱いは、危険物取扱者自身が行うか、危険物取扱者の立会いが必要です。さらに、危険物施設の区分、取り扱う危険物の量や種類によっては、危険物保安監督者、危険物施設保安員、危険物保安統括管理者を選任しなければなりません。

キーワード
- ☐ 危険物取扱者
- ☐ 危険物保安監督者
- ☐ 危険物施設保安員
- ☐ 危険物保安統括管理者

1　危険物施設における人的規制

　危険物施設における事故は、火災（爆発を含む。）と危険物の流出に大別され、令和5（2023）年中に全国で、火災が243件、流出が468件、発生しました。発生要因を見ると、火災は、人的要因142件（58.4％）、物的要因75件（30.9％）、その他（不明、調査中含む。）26件（10.7％）であり、一方、流出は、人的要因167件（35.7％）、物的要因270件（57.7％）、その他（交通事故、不明、調査中含む。）31件（6.6％）に区分されます。火災及び流出の双方とも人的要因のうち主なものは、操作確認不十分、維持管理不十分、誤操作、監視不十分です。このことから、位置、構造、設備の技術基準である物的規制のほか、人的規制の必要性が分かります。

　危険物施設は、小さな事故が大規模な災害につながる危険性を有しているため、厳しい技術基準のもとに造られています。危険物取扱作業者は、危険物の温度管理などを間違えると発火や爆発の危険があるため、取扱いに関する知識が必要とされます。

　危険物施設では、区分、貯蔵・取り扱う危険物の指定数量などに応じた人的規制が消防法に定められています（図）。

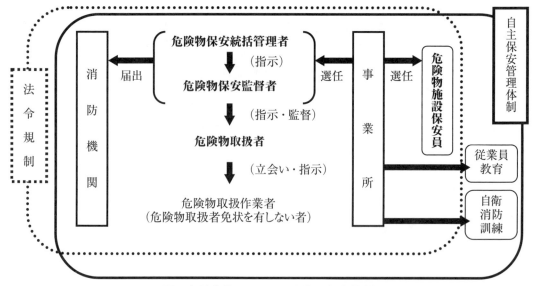

図　危険物施設における人的な保安体制

2　危険物取扱者

　一定の量以上の危険物を取り扱う危険物施設では、消防法第13条第3項に基づき、危険物の作業に関する知識を持つ資格者に貯蔵・取扱いを限定しています。この資格者が危険物取扱者です。危険物の取扱いは、危険物取扱者でなければ行ってはならず、それ以外の者が取り扱う場合は、危険物取扱者の立会いが必要です。

　危険物取扱者免状は、甲種、乙種、丙種の3種類に分類され、甲種の危険物取扱者は全ての危険物を取り扱うことができますが、乙種及び丙種の危険物取扱者は取り扱うことのできる危険物が限定されています（**表1**）。

　危険物取扱者は、危険物の貯蔵・取扱い基準を遵守するとともに、危険物の取扱作業に従事している場合は、都道府県知事が行う保安に関する講習（以下「保安講習」という。）を3年以内ごとに受けなければなりません（消防法第13条の23）。保安講習は、危険物規制の趣旨、危険物関係法令の改正概要、危険物施設の保安管理等について、危険物施設の区分ごとに行われています。

表1　危険物取扱者免状の種類と取り扱うことができる危険物等（危険物の規制に関する規則第48条の2・第49条）

免状の種類	取り扱うことができる危険物	危険物取扱者以外の者に立ち会うことで、取扱いをさせることができる危険物	危険物保安監督者選任の可否
甲種	全ての危険物	全ての危険物	実務経験6か月以上
乙種（一〜六類）	免状に記載されている種類の危険物	免状に記載されている種類の危険物	実務経験6か月以上（免状に記載されている種類のみ）
丙種	・第四類のうちガソリン、灯油、軽油 ・第三石油類（重油、潤滑油、引火点が130℃以上のものに限る。） ・第四石油類、動植物油類	×	×

3 危険物保安監督者等

(1) 危険物保安監督者

　一定規模以上の危険物施設では、危険物の貯蔵・取扱い、施設の安全管理を総括的に管理監督する責任者を危険物保安監督者として選任し危険物の保安の監督をさせることが、消防法第13条で義務付けられています（表2）。

表2　危険物保安監督者が必要となる施設（危険物の規制に関する政令第31条の2）

危険物の種類 製造所等の区分	第四類の危険物 指定数量の倍数が30以下 40度以上	第四類の危険物 指定数量の倍数が30以下 40度未満	第四類の危険物 指定数量の倍数が30を超えるもの 40度以上	第四類の危険物 指定数量の倍数が30を超えるもの 40度未満	第四類以外の危険物 指定数量の倍数が30以下	第四類以外の危険物 指定数量の倍数が30を超えるもの
製　　造　　所	○	○	○	○	○	○
屋　内　貯　蔵　所		○	○	○	○	○
屋外タンク貯蔵所	○	○	○	○	○	○
屋内タンク貯蔵所		○	○	○	○	○
地下タンク貯蔵所		○	○	○	○	○
簡易タンク貯蔵所		○		○	○	○
移動タンク貯蔵所						
屋　外　貯　蔵　所			○	○		○
給　油　取　扱　所	○	○			／	／
第一種販売取扱所		○		／	○	／
第二種販売取扱所		○		○	○	○
移　送　取　扱　所	○	○	○	○	○	○
一　般　取　扱　所	○	○	○	○	○	○
一般取扱所 容器詰替用 消費用		○	○	○	○	○

（注）・○印は危険物保安監督者を選任しなければならない対象施設
　　　・斜線は消防法上該当しない施設

　危険物保安監督者は、6か月以上の実務経験がある危険物取扱者が務め、取扱い作業が法令の基準に合っているか施設の構造、設備が適正に維持管理されているかなど、総合的な視点から危険物施設の安全について管理します（表3）。危険物施設ごとに、専門知識をもって作業している危険物取扱者を統率し、安全確保の取りまとめを行います。

　例えば、危険物保安監督者が必要となる給油取扱所では、従業員の中に経験の浅いアルバイトの作業員もいますので、危険物保安監督者が日常の給油作業から機器の点検まで法令の基準に適合した業務が行えるよう指導監督します。

表3 危険物保安監督者と危険物施設保安員の業務

危険物保安監督者（消防法第13条第1項）	業務（危険物の規制に関する規則第48条）	作業者に対する必要な指示		業務（危険物の規制に関する規則第59条）	危険物施設保安員（消防法第14条第1項）
		災害発生時の作業者を指揮して応急措置、連絡			
		危険物施設保安員へ必要な指示			
		危険物施設保安員がいない場合	定期及び臨時の点検		
			点検の記録、保存		
			異常発見時の連絡、措置		
			火災発生時の応急措置		
			計測装置、制御装置、安全装置等の保安管理		
			構造及び設備の保安に関し必要な業務		
		災害防止のため隣接する製造所等関係者との連絡保持			
		危険物の取扱作業の保安に関し必要な監督業務			

(2) 危険物施設保安員

　製造所、一般取扱所で取扱数量の多い施設、いわゆるパイプラインなどの移送取扱所では、危険物保安監督者が一人で指導監督することに限界があるため、危険物保安監督者を補助する危険物施設保安員を定める必要があります（**表4**）。危険物施設保安員は、危険物保安監督者が行う施設・設備の保安管理などにおいて業務の補助を行います（**表3**）。危険物施設保安員は、届出や資格要件について法令上、特に定められていません。しかし、その業務の内容から、施設の構造や設備に詳しい者で専門知識のある危険物取扱者の資格を持っている者が望ましいと考えられます。例えば、大規模な薬品の製造所において危険物施設保安員は、危険物保安監督者の指示の下で設備の日常点検、安全装置の機能を保つためのメンテナンスなどを行っています。

表4 危険物施設保安員が必要となる主な施設

危険物施設	取り扱う危険物の数量
製造所	指定数量の倍数が100以上
一般取扱所	
移送取扱所	全て

(3) 危険物保安統括管理者

　危険物保安統括管理者は、コンビナート区域の防災など総合的な予防体制を確立する観点から、特に大規模な事業所の保安を目的として創設されたものです。これらの事業所では、危険物保安監督者、危険物施設保安員が、危険物施設ごとに選任されており、保安管理で連携を取るのが困難です。そこで、大量の第四類の危険物を取り扱う事業所の所有者などは、事業所全体における危険物の保安を統括する者として危険物保安統括管理者を定めることが、消防法第12条の7で義務付けられています（**表5**）。

　危険物保安統括管理者の選任に当たっては、危険物取扱者の資格は特に必要ありません。しかし、工場長など、その事業所の事業に関し、統括できる立場の者でなくてはなりません。

危険物保安統括管理者が必要な大規模な施設では、火災等の事故が発生した場合の被害を最小限とするため、自衛消防組織の編成、取り扱う危険物の量によって人員、化学消防自動車の数が定められています。

表5 危険物保安統括管理者と自衛消防組織が必要となる主な施設（危険物の規制に関する政令第30条の3）

危険物施設	取り扱う第四類の危険物の数量
製造所	指定数量の倍数が3,000以上
一般取扱所	
移送取扱所	指定数量以上

4 事故発生時の措置

危険物施設では、日常の保安体制のほか、事故発生時の措置について消防法第16条の3で規定されています。

危険物施設の所有者等は、危険物の流出などの事故が発生した場合は、直ちに流出した危険物の除去等の応急措置を講じなければなりません。また、事故を発見した者は、直ちにその旨を消防署、市町村長の指定した場所、警察署又は海上警備救難機関に通報することが義務付けられています。

作業者は、異常に気付いた場合に周囲に知らせること、機械・器具が故障した場合に、緊急停止などの必要な措置を行うとともに、構内の危険物保安監督者等に知らせることが必要です。また、事故の報告を受けた危険物保安監督者等は、危険物施設保安員や作業者を指揮して応急措置を講じ、直ちに消防機関へ連絡することが必要です。休日や夜間に発生した事故に対応するため、あらかじめ必要な措置を予防規程に定めておくことも忘れてはなりません。

以上のように危険物施設の保安体制は、危険物取扱者などが法令上の役割を担うことが重要です。

危険物施設に対して、立入検査を行う場合は、危険物施設の物的規制面のほか、危険物取扱者が従事しているか、資格免状の記載事項に変更はないか、適切に保安講習を受けているかなどの人的規制面の確認が欠かせません。

テーマ28　危険物施設の許可

　指定数量以上の危険物を貯蔵し、又は取り扱う危険物施設を設置し営業するには、設置する事業者（オーナー）は、消防法に基づく許可を受けなければなりません。施工中や完成後には、許可のとおりに設置されているかの確認のため、検査を受けます。それと同時に、危険物取扱者による危険物の取扱いや、施設の火災を予防するための自主保安基準の策定などを行う必要があります。
　危険物施設は、施設の面（ハード面）と人的な面（ソフト面）、2種類の規制を受けています。

キーワード
- □　許可申請
- □　完成検査前検査
- □　完成検査
- □　危険物保安監督者
- □　予防規程

1　ガソリンスタンドをオープンするまでの流れ

　事業所において危険物施設が使用開始されるまでの流れについて、ガソリンスタンドを例に説明します（図1）。ガソリンスタンドを設置し営業するに当たって、事業者（以下「オーナー」という。）が行わなければならない手続は大きく分けて二つあります。

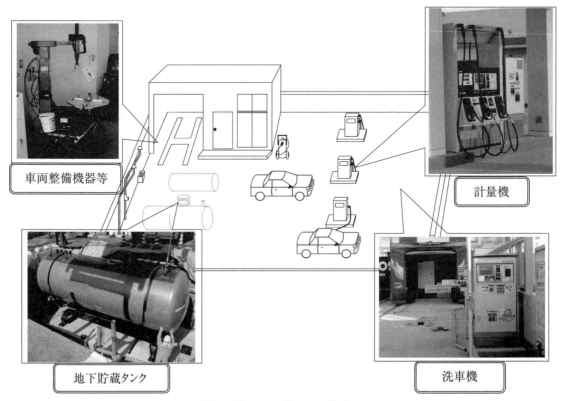

図1　ガソリンスタンドの構成図

テーマ28 危険物施設の許可

　手続の一つは、消防法令に定められた位置、構造及び設備に関する技術上の基準に適合しているガソリンスタンドとして市町村長等から設置する許可を受け、その内容のとおりに工事を完成させることです。許可に関する事務は、一般的に各市町村で定める規則に基づく分掌事務として、消防本部又は消防署（以下「消防署等」という。）が行っています。また、地域によっては消防署等以外で行っている場合があります。

　もう一つの手続は、ガソリンスタンドの営業に向けて、危険物の取扱作業を監督する危険物保安監督者を選任し、自主保安基準としての予防規程を定めることです。

　ガソリンスタンドの営業を始めるための具体的な手続は、①消防署等への事前相談、②図面の審査を受けるための許可申請、③許可後に工事開始、④地下埋設送油管等の確認を行う中間検査、⑤地下貯蔵タンクについて実施する完成検査前検査、⑥工事完了後に実施する完成検査、⑦予防規程の認可申請及び危険物保安監督者の選任届出、という流れです（図2）。

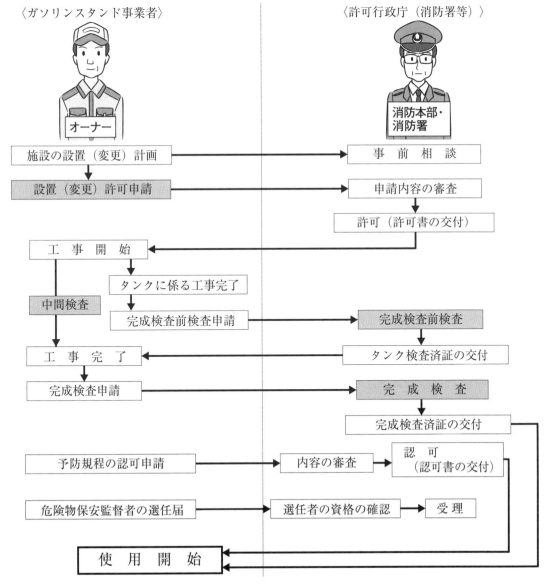

図2　危険物施設の使用開始までの流れ

2 許可申請

　許可申請は、危険物施設を設置する際に必要な申請です。消防法第11条により、危険物施設を設置しようとする場合には市町村長等の許可を受ける必要があります。

　オーナーは、まずガソリンスタンドをオープンするに当たって、セルフスタンドやフルサービス等の営業形態、取り扱う危険物（ガソリン、軽油、灯油等）の種類や貯蔵量、計量機や洗車機等の配置等を計画した上で、必要に応じて、許可申請を行う前に消防署等に相談します。

　次にオーナーは、消防署等に図面等を添付した設置（変更）許可申請書を提出し許可申請を行います。消防署等は許可申請の内容について審査を行います。審査は、ガソリンスタンドの位置、構造及び設備が法令の技術基準に適合しているかを確認します。

　危険物施設はガソリン等を貯蔵し、取り扱うため、火災や爆発等の危険があります。法令による危険物施設の位置、構造及び設備の基準は、危険を未然に防ぎ、又は被害を最小限にするためのものです。設置しようとする危険物施設が設計の段階において、位置等の技術基準に適合しているかを確認した上で市町村長等が許可を行います。

　許可にあっては、ガソリンスタンドにある地下貯蔵タンクや様々な設備が、位置等の技術基準を全て満たしていなければならず、技術基準以外の事情を考慮に入れるなどの裁量の余地はありません。例えば、隣の敷地の人から、いくら苦情があったとしても、法令上の技術基準に適合していれば、許可しなければなりません。

　消防署等は審査した結果、内容が法令基準に適合している場合には、オーナーに対し許可書を交付します。

3 各種検査

　許可を受けたら、ガソリンスタンドの工事に着手できます。そして、工事開始から完成するまでの間に各種検査を受ける義務があります。

　検査には、消防法に基づく「完成検査（消防法第11条）」、「完成検査前検査（消防法第11条の2）」のほかに、法定ではないものの施工中に実施する「中間検査」があります。

(1) 中間検査

　工事が全て完成した後の検査では、埋設されてしまう地下貯蔵タンク、送油管、タンク基礎等を確認することができなくなります。そこで、埋設部分の設置状況の確認など、完成検査を補完する検査として「中間検査」があります。

　検査項目は、地下貯蔵タンクを設置する基礎部分の配筋間隔やタンク室内部の防水モルタル施工状況、送油管の気密等が許可申請の内容どおりに行われているかの確認があります。また、事務所棟や防火塀の建屋基礎部分についても中間検査を行い、不備があれば修正を指導します。

　中間検査は1回で完了するのではなく、タンク基礎部分の配筋完了時、タンク室躯体等のコンクリート養生後、タンク据付け時等、工事の進行状況に応じて数回行います。

(2) 完成検査前検査

　さらに完成検査の前に行う検査として、「完成検査前検査」があります（図3）。中間検査と完成検査前検査は、ともに完成検査の前に行い、似ているため、分かりにくいと思われます。

　中間検査は前述のとおり、危険物施設の工事の経緯に合わせて、その施工状況を確認する検査であるのに対し、完成検査前検査は、地下貯蔵タンクの「漏れ及び変形」と「溶接部」に関する事項の検査です。完成検査前検査は、消防法第11条の2に規定され、設置許可を受けた危険物施設で、

液体の危険物を貯蔵し、又は取り扱うタンクを設置する場合が該当します。

　ガソリンスタンドには、ガソリンや灯油などを貯蔵する地下貯蔵タンクがあり、埋設してしまう前に検査を行う必要があります。オーナーは消防署等に対して完成検査前検査申請を行い、検査を受けます。

　検査項目は、タンクに圧力を掛ける水圧検査やタンク防食施工、板厚の確認等のタンク本体の検査のほか、据付け後に水平度の確認等があります。消防署等は、検査の結果、適合と認められた場合にはタンク検査済証を交付します。

　地下貯蔵タンクの完成検査前検査は、タンクメーカーの工場で実施しているケースが多く、許可を受けるガソリンスタンドの敷地とは異なる「他の消防本部の管内」で行うこともあります。設置する敷地では、地下貯蔵タンクが搬入された後に行う中間検査において、タンク検査済証（書類とタンクに貼られた検査済証プレート）の確認のみを行います。

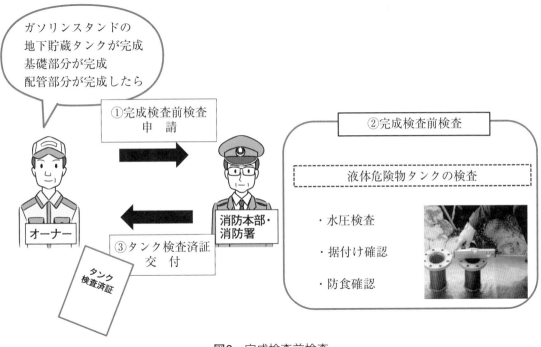

図3　完成検査前検査

(3) 完成検査

　中間検査、完成検査前検査を完了したら、最後に完成検査を行います（**図4**）。完成検査では、許可申請のとおりにガソリンスタンドが設置されているかの確認を行います。危険物の規制に関する政令第8条では、「完成検査を受けようとする者は、市町村長等に申請しなければならない。」とされています。オーナーは、ガソリンスタンドの地盤、事務室、防火壁等の建築物や計量機や洗車機等の設備等について、許可時に申請した全てにおいて施工が完了した場合に完成検査を申請します。

　検査項目は、建屋や設備の位置の確認、車両位置の大きさの図面照合、計量機に設置されている給油ホースの導通試験、油分離槽に水を張ることによる防水モルタルの施工状況の確認等があります。

　消防署等は、完成検査の結果、許可された内容どおりに設置されていた場合に完成検査済証を交付します（**図4**）。

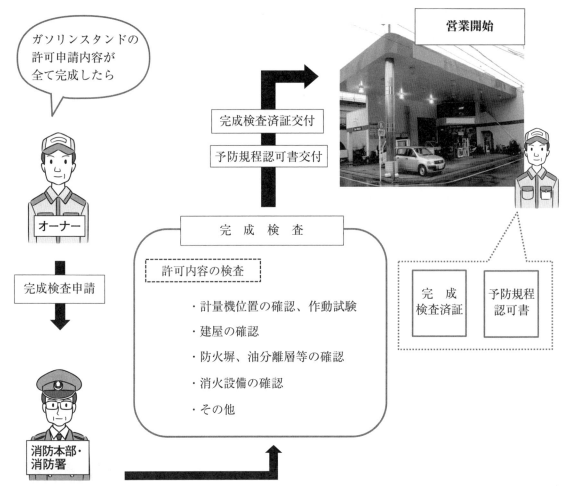

図4　完成検査

4　危険物保安監督者と予防規程

　許可申請から完成検査までは建築物、設備等のハード面に関する完成までの流れでしたが、ハード面が完成しただけではガソリンスタンドをオープンできません。ソフト面に関して、オーナーは危険物保安監督者の選任を行い、予防規程の認可を受ける義務があります。

(1) 危険物保安監督者の選任

　　危険物保安監督者は、従業員等に貯蔵又は取扱いに関する技術上の基準、予防規程等の保安に関する規定に適合するように指示を与える等の義務があります。危険物保安監督者は、ガソリンスタンド等で6か月以上危険物取扱いの実務経験を有する甲種危険物取扱者、乙種危険物取扱者（取得した類の危険物）がなることができます。

　　危険物施設の所有者等は、消防法第13条に基づき、危険物保安監督者を定め、市町村長等に選任の届出をしなければなりません。

(2) 予防規程の認可

　　予防規程は、安全を確保するために従業員等が遵守しなければならない自主保安に関する規程です。指定された危険物施設において、オーナーは、消防法第14条の2に基づき予防規程を定め、市町村長等の認可を受けなければなりません。ガソリンスタンドでは危険物保安監督者、危険物取扱

者の立会いのもと従業員がガソリンや軽油を給油します。消防法令に取扱いに関しても技術上の基準が設けられており、ガソリンスタンドに応じた具体的な自主保安基準（予防規程）を定める義務があります。予防規程には**表**のとおり、定めなければならない事項があります。

予防規程の手続きは、オーナーが消防署等に対して、認可申請書を提出し、市町村長等の認可を受けます。提出された予防規程の内容が貯蔵、取扱いの技術上の基準に適合していれば、オーナーに対して予防規程認可書が交付されます。

このようにソフト面における火災予防対策として、防火対象物には、防火管理者と消防計画がありましたが、危険物施設には、似たような制度として危険物保安監督者と予防規程があります。

表　予防規程に定めるべき主な事項

- 危険物の保安に関する業務を管理する者の職務及び組織に関すること。
- 危険物保安監督者が、旅行、疾病その他の事故によって、その職務を行うことができない場合にその職務を代行する者に関すること。
- 危険物の保安に係る作業に従事する者に対する保安教育に関すること。
- 危険物の取扱い作業の基準に関すること。
- 補修等の方法に関すること。
- 施設の工事における火気の使用若しくは取扱いの管理又は危険物等の管理等安全管理に関すること。
- 顧客に自ら給油等をさせる給油取扱所にあっては、顧客に対する監視その他保安のための措置に関すること。

テーマ29　危険物の運搬

　危険物の運搬とは、車両等を使用して危険物をある場所から違う場所へ運ぶことをいいます。街中でよく見られるガソリン携行缶やドラム缶等の運搬容器にも、材質、構造や容量等の技術上の基準が定められています。
　運搬容器の車両への積載方法については、運搬する危険物の品名・数量の表示や、類の異なる危険物の混載の可否等が定められています。
　運搬方法については、運搬時の注意や事故発生時の対応方法、指定数量以上の危険物を運搬する場合における車両への標識の掲示、消火設備の積載などが定められています。

キーワード
- ☐ 運搬、移送
- ☐ ガソリン携行缶
- ☐ 運搬容器の表示
- ☐ 混載

1　危険物の運搬とは

　消防法第16条の運搬に関する基準は、扱う危険物の量の多少にかかわらず適用されます。運搬に関する基準は、「運搬容器」、「(車両への)積載方法」、「運搬方法」の大きく三つに分けることができます。これらの基準は、主に「危険物の規制に関する政令(以下このテーマにおいて「危政令」という。)」の第28条から第30条の2及び「危険物の規制に関する規則(以下このテーマにおいて「危規則」という。)」第41条から第47条の3で定められています。また、同じ危険物を運ぶ行為ですが、移動タンク貯蔵所及び移送取扱所を利用して運ぶ行為は移送と定義され、運搬とは別の行為として扱われています。

2　運搬容器

運搬容器の基準は、運搬容器の材質、構造及び最大容量が危政令等により定められています。

(1) 運搬容器の材質

　運搬容器の材質は、「鋼板、アルミニウム板、ブリキ板、ガラス、金属板、紙、プラスチック、ファイバー板、ゴム類、合成繊維、麻、木又は陶磁器」のいずれかの物質と定められています(危政令第28条・危規則第41条)。なお、ファイバー板とは、一般的に段ボールのことをいいます。

(2) 運搬容器の最大容量

　運搬容器は、機械により荷役する構造を有する容器か、それ以外の容器か、さらに収納する危険物が液体かあるいは固体か、この組合せにより大きく四つのパターンに分けられます(**図1**)。運搬容器の最大容量については、この四つのうち容器が属するパターン、収納する危険物の類別及び等級、容器の種類から判断することになります(危規則第43条・別表第3～別表第3の4)。

(3) 運搬容器の構造と試験

　危険物を運搬する運搬容器の構造には、「堅固で容易に破損するおそれがなく、かつ、その口から収納された危険物が漏れるおそれがないものでなければならない」という性能が求められています(危規則第42条)。しかし、この表現では運搬容器に求められる具体的な性能が判断できないため、「危険物の規制に関する技術上の基準の細目を定める告示(以下このテーマにおいて「危告示」とい

う。)」において容器に対して具体的な試験方法と基準が定められています。機械により荷役する構造を有する容器は、落下試験、気密試験、内圧試験、積み重ね試験、底部持ち上げ試験、頂部つり上げ試験、裂け伝播試験、引き落とし試験及び引き起こし試験の計九つの試験をクリアする必要があります。それ以外の容器については、落下試験、気密試験、内圧試験及び積み重ね試験の四つの試験をクリアする必要があります。機械により荷役する構造を有する容器は、最大容量が大きいことや機械で扱われることから、試験項目によっては基準がより厳しくなっている場合もあります（危規則第43条第4項）。

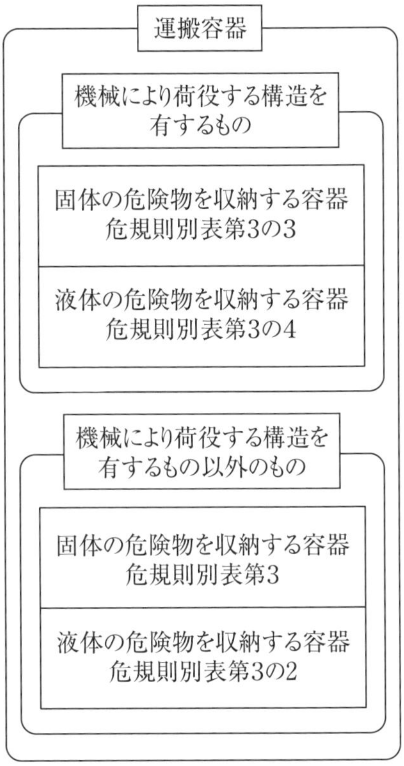

(4) **ガソリン携行缶**

ガソリン携行缶は、ホームセンター等で販売されており、目にする機会もあると思いますが、危険物の運搬容器の一つに該当しています。ガソリン携行缶は、乗用車による運搬を想定しており、その構造及び最大容量については、危規則により「専ら乗用の用に供する車両により引火点が40度未満の危険物のうち告示で定めるものを運搬する場合の運搬容器の構造及び最大容積の基準は、告示で定める」とされています。危告示第68条の4では、

図1 運搬容器の大分類

「引火点40度未満の危険物のうち告示で定めるもの」は「ガソリン」となっており、運搬容器の構造は、金属製ドラム若しくは金属製容器で、最大容量は22Lと決められています（**写真2、3**）。

写真2 ガソリン携行缶

写真3 ドラム缶

3 積載方法

車両への積載については、危険物の容器への収納方法、運搬容器への表示、類を別にする危険物の混載、積み方について定められています。

(1) **積載方法**

危険物を収納した運搬容器の車両への積載は、容器が転落、落下、転倒又は破損しないように積載すること、容器の収納口を上方に向けること、積載高さを3m以下にすることと規定されています（危政令第29条）。ほかには、第一類の危険物や自然発火性物品等を車両へ積載する際には、危険物への日光の直射を避けるため遮光性の被覆で覆うことなど、その性状に応じて必要とされる積載時の措置が必要になります。

(2) 運搬容器への収納方法

危険物の運搬容器への収納方法は、密封すること、固体の危険物の場合は内容積の95％以下の収納率、液体の危険物の場合は内容積の98％以下の収納率であって、かつ、55度の温度において漏れないように十分な空間容積を残して収納することなど、危険物の漏えい防止を目的とした事項が決められています（危規則第43条の３）。例えば、第三類の自然発火性物品を運搬容器に収納する際は、容器への不活性の気体の封入といった危険物の性状に合わせた更なる安全対策が必要です。また、機械により荷役する構造を有する運搬容器の場合は、決められた期限内の試験及び点検において異常のなかった容器の使用や、危険物の性状によっては静電気対策の措置を講ずるなど、より厳しい基準があります。

(3) 運搬容器への表示

運搬容器の外側には、危険物の品名、危険等級、化学名、水溶性の第四類にあっては「水溶性」の表示、数量、表１に掲げる「表示を要する注意事項」を記載する必要があります。さらに、機械により荷役する構造を有する運搬容器の場合は、運搬容器の製造年月及び製造者の名称、積み重ね試験荷重等、表示が必要となる項目が増えます。反対に、化粧品容器やエアゾール缶等の内容積の小さい運搬容器の場合、数量の表示については変更や省略はできませんが、化学名による表示を通称名による表示への変更や、注意事項を同等の意味を有する表示への変更ができます。また表示そのものの省略が可能な場合もあります（危規則第44条）。

表１　運搬容器に表示を要する注意事項

類別	性質・品名等	表示を要する注意事項
第一類	アルカリ金属の過酸化物又はこれを含有するもの	「火気・衝撃注意」 「可燃物接触注意」 「禁水」
第一類	その他のもの	「火気・衝撃注意」 「可燃物接触注意」
第二類	鉄粉、金属粉若しくはマグネシウム又はこれらのいずれかを含有するもの	「火気注意」 「禁水」
第二類	引火性固体	「火気厳禁」
第二類	その他のもの	「火気注意」
第三類	自然発火性物品	「空気接触厳禁」 「火気厳禁」
第三類	禁水性物品	「禁水」
第四類	全て	「火気厳禁」
第五類	全て	「火気厳禁」 「衝撃注意」
第六類	全て	「可燃物接触注意」

(4) 混載の禁止

危険物の車両への積載に当たっては、同一車両への危険物と高圧ガスの混載は、原則禁止されています。また、類の異なる危険物の同一車両への混載は、危険物の性状から、酸化性固体類と可燃性固体類のように混載が禁止されている組合せや、可燃性固体類と引火性液体類のように混載が認められている組合せがあります（危規則第46条）（**表２**）。

表2　危険物の類別、混載の可否一覧表

	第一類	第二類	第三類	第四類	第五類	第六類
第一類		×	×	×	×	○
第二類	×		×	○	○	×
第三類	×	×		○	×	×
第四類	×	○	○		○	×
第五類	×	○	×	○		×
第六類	○	×	×	×	×	

※　×印は混載禁止、○印は混載に支障ないもの

4 運搬方法

運搬方法については、運搬全般に関する基準と、指定数量以上の危険物を運搬する場合に追加される基準が設けられています。

(1) 運搬全般

危険物又は危険物を収納した運搬容器が著しく摩擦又は動揺を起こさないように運搬することや、運搬中に危険物が著しく漏れる等災害が発生するおそれのある場合には、災害を防止するため応急の措置を講ずるとともに、最寄りの消防機関その他の関係機関に通報する、といった運搬時の注意や事故が発生した場合の対応要領が危政令第30条に定められています。

(2) 指定数量以上の運搬の場合

運搬する危険物の指定数量の倍数が1以上の場合は、運搬する車両の前後の見やすい位置に「危」と表示した標識の掲示、運搬する危険物に適応した消火設備の積載、及び危険物の積み替えや休憩等のため車両を一時停止させる場合の注意事項が決められています。

テーマ30　不遡及と遡及

法令は、法令ができた後の事柄に対してだけ効力が生じるのが原則です。

消防法においても、従前の基準を適用することが規定されています。

これに対して、過去に遡（さかのぼ）って例外的に効力を及ばさせることを、「遡及（そきゅう）」といいます。消防用設備等の技術上の基準には、防火対象物を使用する人の生命を守るため、遡及に関する条文が定められています。

遡及の適用には、法令改正後に、一定規模以上の増改築工事を行った防火対象物の消防用設備等など、いくつかの条件が規定されています。

キーワード
- □ 不遡及の原則
- □ 遡及
- □ 経過措置
- □ 基準時

1　不遡及の原則

「遡及する」とは、「過去に遡って例外的に効力を及ぼす」ことで、新たにできた法令が、過去からできている関係を後になってから覆してしまうことになります。そのため、法令は「遡及しないことが原則」で、これを「不遡及（ふそきゅう）の原則」と呼んでいます。この考え方は、消防法においても、第17条の2の5などに見られます。

「遡及」しても、私たちの生活に直接の影響がない場合や、半年前まで遡って給与の増額分を支給してもらえるように、少なくとも不利益にならないような場合には、「遡及」も例外的に許されることになります。

2　消防法における遡及と不遡及の例

消防法で、消防用設備等について「不遡及の原則」を明確に定めているのが、第17条の2の5「第1項」です（図1）。また、第1項の「不遡及の原則」に相反する「遡及」が同条「第2項」に定められています。このため、第17条の2の5は、条文の理解が難しく感じると思います。

実際の条文では「遡及」という言葉は、全く使われていませんので、条文の内容をよく理解しながら読んでいくことが重要です。

ここでの注意点は、第1項の中に「（消火器、避難器具その他政令で定めるものを除く。）」という「かっこ書き」があることです。

(1) **第1項による不遡及の原則**

簡単にいうと、「法改正があっても、既に建っている防火対象物や、工事中の防火対象物は、新しい法令に適合させる必要はなく、これまでどおり、改正前の法令を満たしていればよい。」と書かれています。

(2) **第2項による遡及する場合の条件**

不遡及の原則は、次の条件に該当する消防用設備等には適用しないこと、つまり「例外的に遡及する」条件が四つ書かれています。

〔適用除外〕

第17条の2の5 第17条第1項の消防用設備等の技術上の基準に関する政令〔中略〕の規定の施行又は適用の際、現に存する同条第1項の防火対象物における消防用設備等(<u>消火器、避難器具その他政令で定めるものを除く。以下この条及び次条において同じ。</u>)又は現に新築、増築、改築、移転、修繕若しくは模様替えの工事中の同条同項の防火対象物に係る消防用設備等がこれらの規定に適合しないときは、当該消防用設備等については、当該規定は、適用しない。この場合においては、当該消防用設備等の技術上の基準に関する従前の規定を適用する。

> **不遡及の原則**
> 下線部分は、例外を示す。

② 前項の規定は、消防用設備等で次の各号のいずれかに該当するものについては、適用しない。

(1) 第17条第1項の消防用設備等の技術上の基準に関する政令〔中略〕を改正する法令による改正〔中略〕後の当該政令〔中略〕の規定の適用の際、当該規定に相当する従前の規定に適合していないことにより〔中略〕違反している同条同項の防火対象物における消防用設備等

(2) 工事の着手が第17条第1項の消防用設備等の技術上の基準に関する政令〔中略〕の規定の施行又は適用の後である政令で定める増築、改築又は大規模の修繕若しくは模様替えに係る同条第1項の防火対象物における消防用設備等

(3) 第17条第1項の消防用設備等の技術上の基準に関する政令〔中略〕の規定に適合するに至つた同条第1項の防火対象物における消防用設備等

(4) 前3号に掲げるもののほか、第17条第1項の消防用設備等の技術上の基準に関する政令〔中略〕特定防火対象物〔中略〕における消防用設備等又は現に新築、増築、改築、移転、修繕若しくは模様替えの工事中の特定防火対象物に係る消防用設備等

> **遡及する場合の条件** (1)〜(4)

図1 消防法第17条の2の5

「例外的に遡及する」条件は、次のとおりです（第2項各号）。

① 改正前の法令の基準さえ満たしていなかった防火対象物の消防用設備等（第1号）
② 法令の改正後に一定規模以上の増築や模様替えなどを行った防火対象物の消防用設備等（第2号）
③ 改正後の法令を満たしている状態に至った防火対象物の消防用設備等（第3号）
④ 不特定かつ多数の人を収容する、特定防火対象物の消防用設備等（第4号）

(3) 第1項のかっこ書きによる例外

第1項のかっこ書きには、消火器などの簡易なものは、経済的な影響も小さいので、「例外的に遡及」されることが書かれています。

このように、消防法第17条の2の5は、難解な条文ですが、消防用設備等を設置する場合に、改正後の法令を適用するのか、それとも、改正前の法令を適用するのかを判断する上で、とても大切な条文です。

3 消防法における遡及の理由

消防法第17条の2の5における「遡及」が行われると、防火対象物のオーナーにとっては、とても経済的な負担が掛かることになります。

それでも消防法において、本来、例外的であるはずの「遡及」が、消防用設備等に対して行われているのは、次のような背景があるからです。

法令改正の後に建てられる新しい防火対象物は、必要な消防用設備等が設置されて安全になりますが、法令改正の内容が遡及しない場合、法令改正以前のもの（既存の防火対象物）には消防用設備等が設置されないままになってしまいます。このことは、防火対象物の利用者の安全にとってはマイナスになります。そこで消防法は、火災による大きな被害が発生した場合に、消防用設備等の設置などを主に強化する方向に改正されてきました。

　例えば、昭和40年代に数多くの死者を出した幾つかの悲惨な火災による教訓を受けて、尊い生命を守るため、昭和49年6月1日法律第64号で消防法の一部改正が行われました。これによって、不特定多数の者が出入りする防火対象物を「特定防火対象物」とし、法令の改正前から既に建っているものであっても、法令の改正があるたびに、改正後の法令の定めにしたがって、「消防用設備等の技術上の基準」を満たしていく必要があるということにしました（消防法第17条の2の5）。

　また、既に建っている防火対象物の使用目的を、例えば「オフィスビル(15)項」から「レストラン(3)項ロ」に変更する「用途の変更」についても、同じように、改正後の新しい法令の基準を満たしていく必要がある（遡及する）ことにしました（消防法第17条の3）。

　これらの遡及は、すぐに新しい法令の基準を満たすように改修するには、工事に時間を要することもあるので、「『経過措置』といわれる何年間かの期間が経過するまでに新しい法令の基準を満たせばよい」猶予期間が、定められるケースが多くあります（図2）。

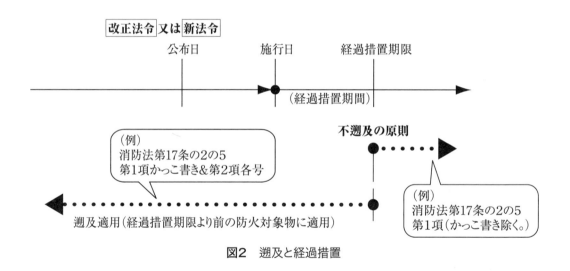

図2　遡及と経過措置

4　遡及と基準時の関係

　続いて、消防法第17条の2の5第2項を理解する上で、欠かせないポイントである「基準時」について、前**2**、(2)、②の「法令の改正後に一定規模以上の増築や模様替えなどを行った防火対象物の消防用設備等」を例に説明します。

　一定規模以上の増改築とは、消防法施行令第34条の2で1,000㎡以上又は延べ面積の2分の1以上と定められています。

　図3の事例では、平成10年に延べ面積1,200㎡の防火対象物を新築したとします。この時点を「基準時」と捉えます。

　平成21年に法令改正が行われ、平成23年に500㎡の増築、その後、平成24年にも法令改正が行われ、さらに平成25年には200㎡の増築がありました。

平成23年の増築は、平成10年当時（基準時）に適法に新築された防火対象物に対して行われたと考えます。増築は500㎡で、1,000㎡未満、かつ、基準時の延べ面積である1,200㎡の2分の1未満です。そこで、平成21年の改正法令は遡及しません。

次に、平成25年の増築は、平成23年の増築（500㎡）に合算するので、「500㎡＋200㎡＝700㎡」で、平成10年当時（基準時）の延べ面積1,200㎡に対し、2分の1以上の増築となるため、最新の法令である平成24年の改正法令が適用されます。このように平成25年の時点であっても、平成24年の改正法令が遡って適用されるという意味で「遡及」といわれるのです。

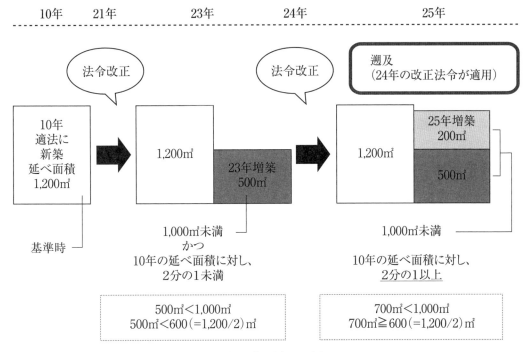

図3　遡及適用の例

条文の構成から見ても、難しかったかもしれませんが、「遡及」は、どの時点の法令が適用されるのかをよく確認することがとても大切です。「遡及」の意味を正しく理解した上で、適切に予防業務を行っていただきたいと思います。

テーマ31　予防業務と行政手続法の関係

　予防業務は、法令に基づき国民の権利を制限し、義務を課すなど、いわゆる規制行政が業務の大部分を占めています。そのほか、様々な行政目的を実現するために、国民の任意の協力を得て行う行政指導があります。
　行政手続法は、違法や公平性を欠く規制や指導がされないように、公正で透明な行政上の手続を定めることを目的とした法律です。予防業務における各種手続は、この法律が適用されます。

キーワード
- □ 行政手続法
- □ 処分
- □ 不利益処分
- □ 行政指導
- □ 届出

1　行政手続法の基本的な事項

　行政手続法は、処分、行政指導、届出に関する手続や命令等を定める手続に関して共通する一般的なルールを定め、行政運営の内容とプロセスを示しています。

(1)　行政手続に関する一般法

　行政手続法は、行政の手続に共通する一般的なルールを定めており、一部の例外を除いた行政手続に適用されるので、「行政手続に関する一般法」とされています。しかし、行政手続法以外の法令において、個別の行政手続が定められている場合は、その規定が優先されて適用されます。これを「行政手続に関する特別法」といいます。

(2)　行政手続法が適用されない行政分野

　行政分野のうち、その特殊性から行政手続法を適用することがなじまないと考えられているものは、行政手続法が適用されない場合があります。これを「行政手続法の適用除外」といいます。
　適用除外となっている行政分野は、行政手続法第3条に定められています。適用除外の例として、学校等で教育や研修の目的を達成するために学生やその保護者等に対してされる処分のほか、公務員等の職務又は身分に関してされる処分などが挙げられます。
　また、地方公共団体が行う処分や地方公共団体に対する届出のうち、根拠が条例や規則にある場合も適用除外となり、地方公共団体が定める行政手続に関する条例や規則が適用されます。
　ここでは、行政手続法の規定を中心に説明しますが、説明には難しい用語がいくつか出てきますので、まずそれを解説します。
　行政を行う権利と義務をもち、自己の名と責任において行政を行う団体を「行政主体」といいます。行政主体には、国や地方公共団体が該当します。そして、行政主体のためにその手足となって現実に行政を行うのが「行政機関」です。消防に関する行政機関を特に「消防機関」といいます。行政機関は、その機能から**表1**のように分類されます。

テーマ31　予防業務と行政手続法の関係

表1　行政機関の分類

分類		機能	消防における例
行政機関	行政庁	措置命令や許可などによって国民の権利を制限したり、義務を課すなどの権限を有する機関	総務大臣、消防庁長官、都道府県知事、市町村長、消防長、消防署長
	補助機関	行政庁の職務を補助することを任務とする機関	消防庁次長以下の職員、消防長・消防署長以外の消防職員
	諮問機関	行政庁から諮問を受け、意見を答申する機関	消防審議会
	監査機関	行政の運営をチェックする機関	監査委員

2　申請に対する処分　□□□

申請は、「法令に基づき、行政庁の許認可等を求める行為であって、当該行為に対して行政庁が諾否の応答をすべきこととされているもの」と定められています。申請がされた場合、行政機関は申請を認めるか拒否するかを決定し、何らかの処分（許可をする又は許可をしないなど）をしなければなりません。消防法令上の申請に対する処分の例は、**表2**のとおりです。

表2　消防法令上の申請に対する処分の例

処分	根拠法令
防火対象物の点検及び報告の特例	消防法第8条の2の3第2項
危険物の貯蔵・取扱いに係る承認	消防法第10条第1項ただし書
製造所等の設置、変更等に係る許可	消防法第11条第1項
製造所等の完成検査	消防法第11条第5項
製造所等の仮使用承認	消防法第11条第5項ただし書
製造所等の完成検査前検査	消防法第11条の2
危険物取扱者免状の交付	消防法第13条の2第3項
予防規程の認可	消防法第14条の2第1項
屋外タンク貯蔵所の保安検査	消防法第14条の3
消防設備士免状の交付	消防法第17条の7第1項
型式承認	消防法第21条の4第1項
型式適合検定	消防法第21条の7
防炎表示者の登録	消防法施行規則第4条の4第2項

(1) **審査基準**

　　行政機関は、申請を認めるか拒否するかの判断をするための基準として、審査基準を定めなければなりません。審査基準は誰でも見ることができるように、申請先の窓口に備え付ける、ホームページに掲載する等の方法で公開する必要があります。

(2) **標準処理期間**

　　行政機関が申請を認めるか拒否するかの判断をするために、通常必要とされる日数の目安が標準処理期間です。行政機関は、できる限り申請ごとに標準処理期間を定めることとされており、標準処理期間を定めた場合は、審査基準と同様に公開する必要があります。

　　なお、標準処理期間はあくまでも目安に過ぎないため、処分しないまま標準処理期間を経過しても、即座に違法になるということではありません。

3 不利益処分

　不利益処分は、前2の申請に対する処分とは異なり、国民の不利益となる処分が該当します。防火管理者の選任命令や防火対象物使用停止命令など、命令と付くものの多くは不利益処分に該当します。行政機関は、どういう状況になった場合に、どのような内容の不利益処分にするかの処分基準をできる限り定め、公開する必要があります。

　不利益処分をする場合には、その理由を相手方に示すとともに、原因となる事実について相手方の言い分を聞かなければなりません。そのため、比較的重い不利益処分を行う場合は「聴聞」の手続を、それ以外の不利益処分を行う場合は「弁明の機会の付与」の手続を行う必要があります。ただし、緊急に不利益処分を行う必要がある場合は、理由の提示や意見陳述のための手続を省略することができます。例として、火災発生の危険が高く緊急の必要がある場合に、防火対象物の工事停止命令をする場合などが挙げられます。

　不利益処分の相手方が処分の内容に応じない場合、行政機関は、捜査機関に罰則の適用を求める告発や、処分の内容を行政機関又は第三者が実施する行政代執行を行うことがあります。消防法令上の不利益処分の例は、表3のとおりです。

表3　消防法令上の不利益処分の例

処　　分	根拠法令
防火対象物に対する火災予防措置命令	消防法第5条
防火対象物の使用の禁止等の命令	消防法第5条の2
防火管理者の選任命令	消防法第8条第3項
防火管理業務適正執行命令	消防法第8条第4項
統括防火管理者の選任命令	消防法第8条の2第5項
危険物の貯蔵取扱い基準適合命令	消防法第11条の5
製造所等の基準適合命令	消防法第12条第2項
製造所等の許可の取消し、使用停止命令	消防法第12条の2
製造所等の緊急使用停止等の命令	消防法第12条の3
危険物取扱者免状の返納命令	消防法第13条の2第5項
危険物保安統括管理者等の解任命令	消防法第13条の24
予防規程の変更命令	消防法第14条の2第3項
製造所等に対する応急措置命令	消防法第16条の3第3項、第4項
無許可貯蔵等の危険物に対する災害防止措置命令	消防法第16条の6
消防用設備等の設置・維持命令	消防法第17条の4
消防設備士免状の返納命令	消防法第17条の7第2項

4 行政指導

　法令を根拠とした申請に対する処分や不利益処分に対し、行政指導があります。これは、行政目的を実現するため、相手方に対して「こうしてほしい」ということを伝え、相手方の協力を得ることにより実現するもので、法的な強制力はありません。

　消防機関による「行政指導」の例としては、立入検査の結果通知書の交付や警告書による違反是正指導などが挙げられます。そのほかにも、防火対象物の用途に応じて個別に行う指導も行政指導に含まれます。

(1) 行政指導の基本ルール

行政指導はその性質上、行政の目的と関係のない指導をすることはできず、また、従わなかったことを理由に、その相手方に不利益となる行為が行われないように、次の基本ルールが定められています。

① 行政指導は、その行政機関が所掌する事務の範囲内で行うべきであり、所掌する事務の範囲を超えた内容の行政指導はできない。

② 行政指導は相手方の自主的な協力によってのみ実現されるため、行政指導に従うよう強制することはできない。

③ 行政指導に従わなかったことを理由として、差別的な扱いをすることはできない。

(2) 申請に関連する行政指導

前❷の申請が行われた場合に、申請内容が基準に適合していないことなどを理由として、自主的に申請を取り下げる又は申請内容を変更するよう行政指導する場合があります。こうした指導自体に問題はありませんが、申請者が指導に従わない場合、行政機関は指導を続けることができないと定められています。

申請に対して何らかの処分がされない限り、申請者は不服申立てや訴訟の手続に入ることができないため、申請者の処分を受ける権利を保護するための規定です。

(3) 行政指導の手続

行政指導をする際の手続上のルールとして、相手方に対して行政指導の趣旨、内容、責任者を明確に示さなければならないと定められています。行政指導は、口頭で直接伝えることもできますし、書面によって行うこともできます。ただし、口頭で行政指導を行った場合に、相手方から指導内容を書面で示してほしいとの要望があったときは、原則として、指導内容を書面で示さなければなりません。

なお、届出を受理した際に共通して指導する内容など、一定条件において行う行政指導は、前❷(1)の審査基準と同様、あらかじめ行政指導指針を定め、公表する必要があります。

❺ 届出

届出は、「行政庁に対し一定の事項の通知をする行為（申請に該当するものを除く。）であって、法令により直接に当該通知が義務付けられているもの」と定められています。前❷の申請と違い、行政機関からの処分（許可をする又は許可をしないなど）を求めず、行政機関に一定の事項を知らせることが目的となります。

提出された届出に記入漏れ、資料不足などがない場合は、「形式上の要件に適合している」とされ、行政機関は必ず受理しなければなりません。届出を受理した後、届出の内容が消防法令に適合していないことが判明した場合は、改修に向けた行政指導を届出者に行います。また、消防法令上の届出では、届出の受理後、法令に基づく検査を行うものもあります。消防法令上の「届出」の例は、**表4**のとおりです。

表4 消防法令上の届出の例

届　　出	根拠法令
防火管理者の選任・解任届出	消防法第8条第2項
製造所等の譲渡・引渡しの届出	消防法第11条第6項
製造所等の廃止の届出	消防法第12条の6
危険物保安監督者の選任・解任届出	消防法第13条第2項
消防用設備等の着工届出	消防法第17条の14
消防計画の作成・変更届出	消防法施行規則第3条第1項

テーマ32　数字で見る予防行政の効果

　予防の仕事は、消火、救急などのような市民に対する直接的なサービスではありません。このため従事している消防職員にとっては、その効果を実感しにくい一面があります。しかし、火災による被害の統計推移をみることによって、予防行政の効果を見てとることができます。例えば、1960年代末から70年代にかけて行われた消防用設備等の遡及適用は、該当した用途の火災1件当たりの焼損面積や死者数を著しく減少させるなどの効果を上げました。また、近年始まった防火査察による違反結果の公表についても、防火対象物の関係者の防火意識の向上につながっています。

キーワード
- ☐ 焼損床面積
- ☐ 死者数
- ☐ 遡及
- ☐ 違反対象物の公表制度

1　予防行政の効果は実感しにくい

　ここでは、読者の皆さんに予防行政に興味を持っていただくために、予防行政の効果を紹介します。コーヒーブレイクのつもりで読んでください。

　そもそも発生している災害の実態は、消防活動の場合は、相手が炎、煙、熱ですから隊員は五感を働かせることにより、自ら把握することができます。ガスや放射能など五感で難しいものは、測定器という手段もあります。これに対して予防行政は火災などの災害が目の前で起きていないため、そのリスクを実感しにくい面があります。

　またリスクの回避方法は、消火活動であれば燃え上がっている建物に放水して消火する、救急活動であれば心肺停止状態の傷病者に除細動を行うなど、消防職員自身が直接手を出してしまうことができます。ところが予防行政の場合は、消防計画の作成、防火管理講習の受講、危険物取扱者の資格取得、自衛消防訓練の実施、消防用設備等の点検、改修など、防火対象物や危険物施設の関係者に履行していただくほかありません。

　行政の効果を考えてみると、消火活動の効果は鎮火などによって、救急救命処置の効果は心拍再開などによって、活動中にその現象が現れたりして、自分たちが手を出した効果を眼前で実感できますし、ひいてはやりがいにもつながります。

　一方、予防行政の効果は、消防が指導することにより、防火対象物などの関係者が義務を履行したとしても、そのことによる直接的なリスクの回避、被害の軽減などを実感しにくい面があります。

2　焼損床面積の推移で見る効果

　火災による被害を表す指標は、いろいろありますが、物的被害の代表は焼損床面積であり、人的被害の代表は死者数でしょう。まず、焼損床面積の推移を見てみましょう。

　個々の火災において焼損床面積は、通報の時期、防火対象物の収容物の種類や量、火災発生時の気象など、消防が消火活動に着手する以前の状況に加え、防火対象物の安全性、消防隊の消火戦術など様々な要素が反映された数字です。消防隊員は、いつの時代にも火災現場において、被害を最小限に食い止めようと懸命に活動するものです。ここでは、予防行政の推進によって確保される防火対象物の安全性

に着目し、消火活動などのほかの要素は経年的な変化がないと仮定します。

　防火対象物の構造には、木造、防火造、耐火造などの区分があります。消防白書では、これらが火元建物になった場合に、火元以外の別棟に延焼した火災件数の割合を延焼率と定義しています。平成29(2017)年中の延焼率は、木造（33.0％）、防火造（15.9％）、耐火造（3.5％）であり、構造によって大きく異なります。

　予防行政に係る法令は、防火対象物の構造によって規制されているわけではなく、面積、階層、用途、収容人員によっています。しかし、実際に規模の大きなものは耐火造で、結果として様々な法令規制が掛かっています。焼損床面積の経年的な変化をみるために耐火造の建物火災に着目し、火災1件当たりの値を調べました（図1）。

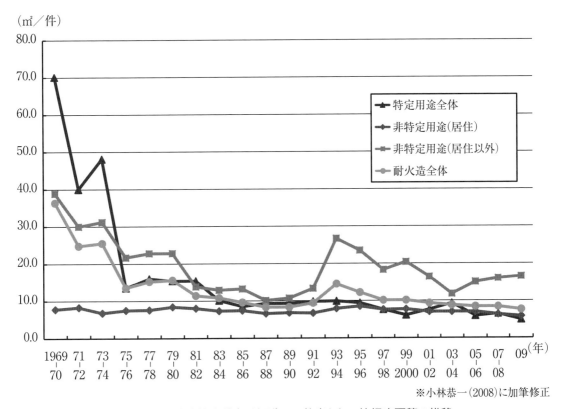

※小林恭一（2008）に加筆修正

図1　耐火造建物火災（用途別）の1件当たりの焼損床面積の推移

　図1及び後に説明する図2は、小林恭一著「社会の変化に対応した予防行政の変遷とその果たした役割（後編）」『消防防災』通巻23号,2008.1,p.2-12に掲載された図を加筆修正しています。

　まず「耐火造全体」は、1960年代末以降70年代にかけて、焼損床面積が減少しました。「特定用途全体」は、1件当たり70.1㎡をピークに急激に減少し70年代後半以降、現在に至るまでわずかに減少しました。一方、非特定用途の「居住」ではほとんど横ばいであるのに対し、非特定用途の「居住以外」は、「特定用途全体」ほどではありませんが、なだらかに減少しました。75-76年以降は、「特定用途全体」より大きな値が継続しています。特に93-94年をピークに再び山が現れています。

　特定用途の状況をさらに細かく見ます。図2は、凡例に示す三つの用途に区分して、火災1件当たりの焼損床面積を示します。「特定用途全体」、「旅館・病院等」、「その他特定用途」は、いずれも1969年から76年にかけて急激な減少傾向にあり、その後ほぼ横ばいに推移します。特に、「旅館・病院等」は

急激な減少が顕著です。「その他特定用途」を見ても71-72年に一旦減少し、73-74年で増加に転じますが、その後に減少し、76年以降は横ばいです。

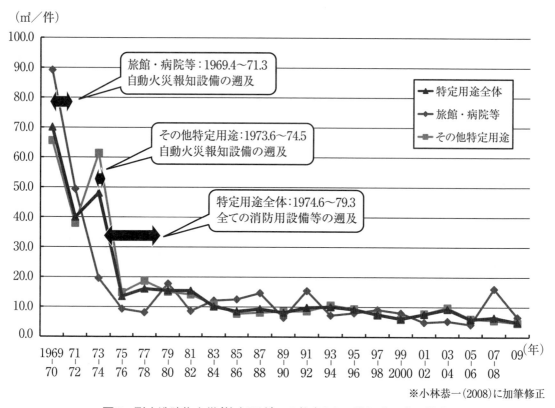

図2　耐火造建物火災（特定用途）の1件当たりの焼損床面積の推移

こうした特定用途と非特定用途の違いは、どのような理由によるのでしょうか。図2に書き入れてありますが、その理由は「遡及」です。遡及は、消防法に特有のもので、人命尊重の観点から、法令改正の以前から存在していた防火対象物に対しても、現行の法令基準に従って消防用設備等を設置し、維持しなければならないとする規制です。特定用途は遡及適用されますが、非特定用途は遡及適用されません。

図2に⇔で記載した期間において、自動火災報知設備をはじめとする消防用設備等の遡及が適用されました。耐火造、とりわけ特定用途で焼損床面積が著しく減少したのは、火災通報が早くなったり、効果的な消火戦術が導入されたからではなく、まさに予防行政が寄与したことによると考えられます。改修に該当した防火対象物の関係者には経費負担を伴い、粘り強く指導を行った当時の消防職員にも、多大な苦労があったのではないかと思います。

3 死者数の推移で見る効果

今度は死者数の推移を見てみましょう。図3は、用途別に火災100件当たりの死者数の推移を示しています。旅館・ホテルでは昭和46年から49年では、100件当たり10人弱という高い値です。しかし、その後この値は減少しています。病院・診療所も死者数の多い用途ですが、同様に減少しています。飲食店・待合では、これらに比べ死者数はさらに減りますが、経年的な変化は同様です。

このような死者数の減少についても、前記の遡及による効果が表れていると考えられます。一方で、死

者数があまり減っていない用途には、福祉・保健施設があります。例えば平成18（2006）年大村市で起きた認知症高齢者グループホームの火災では、死者が7名発生しています。この火災を踏まえ、(6)項ロから(6)項ハが新たに区分されたり、スプリンクラー設備、自動火災報知設備などの遡及によって規制が強化されました。(6)項ロと(6)項ハの用途には、まだまだ予防行政のなすべき課題があるといえるでしょう。

さて、図3では気になることがあります。それは図の一番右のグラフで、一般住宅における死者数は、減少するどころか著しい増加傾向にあります。図1で示したように居住の用途について、耐火造に限ってみても火災1件当たりの焼損床面積は、今も昔も10㎡未満で変化がありません。つまり、あまり焼損していない中で、死者数は増加しています。

共同住宅など一部を除けば、消防法令は個人の住居には、それほど厳しく規制が掛かっておらず、住宅用火災警報器の義務化により設置率は向上しましたが、いまだ死者数を抑制するに至っていません。火災による死者という観点から、住宅防火は予防行政における古くて新しい重要な課題であることが分かります。

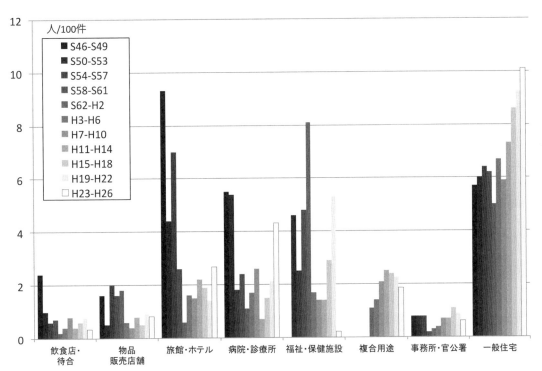

図3 用途別火災100件当たり死者数の推移（昭和46年〜平成26年）（消防白書から作成）
東京理科大学 小林恭一教授から提供

4 違反対象物の公表制度で見る効果

次に、近年の一例を挙げてみます。平成23年度から東京都の火災予防条例に、違反対象物の公表制度が創設されました。この制度は、防火対象物の利用者が防火上の安全性を判断できるように消防機関が立入検査で把握した違反を東京消防庁のホームページなどで知らせるものです。

公表制度の一部には、(2)項、(3)項、(16)項イにおいて、屋内消火栓設備、スプリンクラー設備、自動火災報知設備の未設置違反の公表があります。これらの設備の違反指摘件数の推移を図4に示します。三つの重要な消防用設備等では、公表制度が平成23年度に施行されて以降、違反指摘件数の著しい減少傾

向が認められます。

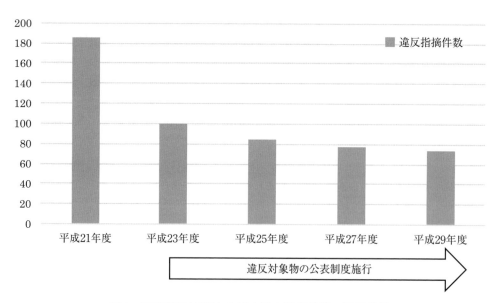

図4　東京消防庁管内の屋内消火栓設備等の違反件数
※平成29年度は4月～12月のデータ

5　まとめ

　このようにある程度長期的な期間にわたって焼損面積や死者数の減少、さらには防火対象物の違反指摘件数の減少を数字で追うことによって、予防行政の具体的な効果が見えてきます。ここで紹介した効果はその一部です。他にも様々な指標を分析することによって効果を具体的に捉えることができます。
　1960年代末から70年代に行われた遡及は、読者の中には生まれる前のずいぶん古い出来事のように思う方がいるかもしれません。しかし、この当時改修された防火対象物には、今でも多くの市民が使っているものがあります。先人たちの予防行政へのこうした努力によって安全性が図られてきたこと、そして予防行政は息が長い仕事であることを、皆さんにも是非知っていただきたいと思います。

※　テーマ32：平成30年5月1日現在

テーマで学ぶ 予防のイロハ ―消防の基礎知識―

平成30年7月20日 初 版 発 行
令和7年5月1日 初版8刷発行（令和7年2月1日現在）

編　著／予防実務研究会
発行者／星　沢　卓　也
発行所／東京法令出版株式会社

112-0002	東京都文京区小石川5丁目17番3号	03(5803)3304
534-0024	大阪市都島区東野田町1丁目17番12号	06(6355)5226
062-0902	札幌市豊平区豊平2条5丁目1番27号	011(822)8811
980-0012	仙台市青葉区錦町1丁目1番10号	022(216)5871
460-0003	名古屋市中区錦1丁目6番34号	052(218)5552
730-0005	広島市中区西白島町11番9号	082(212)0888
810-0011	福岡市中央区高砂2丁目13番22号	092(533)1588
380-8688	長野市南千歳町1005番地	

〔営業〕TEL 026(224)5411　FAX 026(224)5419
〔編集〕TEL 026(224)5412　FAX 026(224)5439
https://www.tokyo-horei.co.jp/

Ⓒ Printed in Japan, 2018

本書の全部又は一部の複写、複製及び磁気又は光記録媒体への入力等は、著作権法上での例外を除き禁じられています。これらの許諾については、当社までご照会ください。

落丁本・乱丁本はお取替えいたします。

ISBN978-4-8090-2451-1